资助基金：山东省人文社科规划项目
“经济新常态下企业创新战略的行为治理机制研究”（18DGLJ07）

董事会CEO行为反应对企业并购战略决策的影响

—— 基于绩效反馈的分阶段研究

张双鹏 ◎ 著

IMPACT OF BOARD AND CEO BEHAVIOR RESPOND ON ACQUISITION DECISION

— A TWO STAGE RESEARCH BASED ON PERFORMANCE FEEDBACK

图书在版编目（CIP）数据

董事会CEO行为反应对企业并购战略决策的影响/张双鹏著．—北京：经济管理出版社，2018.9

ISBN 978-7-5096-5956-4

Ⅰ.①董…　Ⅱ.①张…　Ⅲ.①企业行为—影响—企业兼并—研究　Ⅳ.①F271.4

中国版本图书馆CIP数据核字(2018)第192926号

组稿编辑：杜　菲
责任编辑：杜　菲
责任印制：黄章平
责任校对：陈　颖

出版发行：经济管理出版社
（北京市海淀区北蜂窝8号中雅大厦A座11层　100038）
网　　址：www.E-mp.com.cn
电　　话：（010）51915602
印　　刷：北京玺诚印务有限公司
经　　销：新华书店
开　　本：720mm×1000mm/16
印　　张：13.25
字　　数：185千字
版　　次：2018年9月第1版　　2018年9月第1次印刷
书　　号：ISBN 978-7-5096-5956-4
定　　价：68.00元

前　言

自 Simon 提出“管理就是决策”的理论观点之后，如何解释企业并购决策的形成始终是重要的战略管理研究问题。在战略管理领域有多种原因驱动管理层实施并购战略，包括增强市场能力、通过规模经济提高效率、通过垂直和横向整合节约交易成本，以及获取有价值的资源等。在上述原因中，看上去每一种原因都能够让管理层对选择并购战略充满信心，成为并购的首要动力，但结果却常常是不一致的。将并购的动因剖析成每一条信息去理解显然导致了一个潜在的问题：这些缺少整合的动因在独自解释并购战略形成时，是否让我们“因为一棵树而迷失了一片森林”？

“有限理性”这一论断被认为“正确但无用”。然而持有这种观点的原因仅仅在于无法理解“有限”是哪些限制。代理框架构建了限制的“硬件基础”，行为决策构建了限制的“选择基础”。因此，本书聚焦于董事会—CEO 构成的决策主体，借鉴代理理论中对于公司制企业一般决策程序的描述，将并购决策的动因建立在一般决策框架上，整合企业行为理论进行研究。

本书从企业行为理论的视角分析了董事会—CEO 对绩效反馈的反应如何影响绩效反馈驱动并购决策的完成，为当前经济背景下绩效反馈对并购决策的驱动作用提供了更为细致的解构。通过董事会—CEO 的一般决策过程和阶段的结合，分别研究了在决策提议的形成阶段，CEO 对绩效反馈的回应如何塑造并购决策形成的差异性，以及在董事会决策屋内的决策完成阶段，董事会基于绩效反馈的反应如何影响绩效反馈驱动并购决策的完成。在以 CEO 为主导的并购决策提议形成阶段，我们分析了 CEO 基于绩效反馈的损失厌恶、赌场盈利效应以及模仿性行为过程对于并购决策提议形成的影响；在董事会主导的决策屋内决策管理阶段，我们借助董事会资本构成分析了董事会基于绩效反馈的反应对并购决策的影响。

管理层如何做出战略选择，在现有的研究中，从预期的目标选择导向逐渐转向更为全面的有限理性下的行为分析，这一理论发展同样适用于并购决策。在有限理性的基础上，决策并非起始于目标导向的最优选择逻辑，而是一种恰当性逻辑，包括了三个要素的思考：我是什么样的人、我处在什么样的情况、像我这样的人现在应该怎么做。面对并购结果往往与目标导向不符时，从决策者的真实情况解开并购价值增加与价值损毁同时存在的现象比理性预期理论更具有优势，因为研究更接近于动机和决策的真实情况。

本书对于有限理性和行为决策在一次具体战略中的运用提供了尝试。分析了董事会—CEO面对绩效反馈在决策过程中分阶段反应的行为过程，如损失厌恶、赌场盈利效应、模仿性行为过程，以及董事会基于资本构成的能力差异对决策的不同支持程度，对这些反应过程的分析为并购决策在董事会与CEO构成的决策框架内如何被塑造提供了社会心理学视角的证据。从高管层面研究董事会—CEO对绩效反馈的反应如何形成并购决策，补充了企业行为理论中问题搜寻如何形成决策具体方向的研究，尤其是绩效反馈与风险承担决策在企业战略领导层之间的差异性。通过企业行为理论下并购决策多重主体与不同的决策阶段结合细化了并购的决策过程分析。

我们期待在随后的研究中，更多有限理性的行为决策内容能够被纳入企业具体的战略决策研究中来。

目　录

第一章　引言

近年来，随着中国经济增长的“新常态”化，以 GDP 为代表的绩效指标呈现的增长趋势逐渐放缓。将政府工作报告中的预期和次年的实际经济增长作为一组参照，数据展示了经济增长逐渐逼近甚至开始落后于最初预期的现象，与此同时，资本市场中，企业并购数量却在逐年上升。这一现象表明，引起企业并购决策的一个重要原因可能在于绩效反馈的问题搜寻。问题搜寻机制引起并购决策在近年的国外研究中开始受到重视，但绩效反馈引起的问题搜寻如何影响并购决策形成的方向以及在企业之间的差异性忽视了战略领导层的重要作用。尽管绩效反馈的问题搜寻引起并购决策的动机，但决策的形成更依赖于董事会—CEO 的高管层，决策主体对于绩效反馈的反应，在如何塑造决策的方向和在各企业之间的差异中有重要作用。我们在本章中基于这一背景提出了本书的研究问题，围绕着科学研究问题设计了研究内容和研究方法，并论述了研究创新与研究意义。

第一节　研究背景与问题的提出

一、研究背景

（一）实践背景

自 2008 年金融危机之后，我国宏观经济增长趋势逐年放缓，GDP 增长率逐年下降。截至 2016 年年初，宏观经济统计资料显示，2015 年我国 GDP 增长为 6.9%，首次低于 7%，全年固定资产投资实际增速比上年回落 2.9 个百分点。根据中经网历年统计数据，2011 ~ 2015 年，我国 GDP 增长率分别为 9.2%、7.7%、7.7%、7.4%、6.9%，呈现出增长率逐年回落的趋势，在已有各年度所公布的政府工作报告中，一组数据清晰地显示了近 5 年各年度 GDP 增长率与前一年度政府工作报告的预期值之差。

表 1 – 1　2011 ~ 2016 年 GDP 增速政府目标与实际完成数　　单位：%

年份	2011	2012	2013	2014	2015	2016
政府目标	8 左右	7.5	7.5 左右	7.5 左右	7.5	6.5 ~ 7
实际增速	9.2	7.7	7.7	7.4	6.9	6.7

资料来源：根据政府工作报告与中经网统计数据整理。

根据表 1 – 1 数据的结果，GDP 增长的实际情况在逐年向下逼近政府工作报告的期望目标，政府报告有关期望增长目标与实际 GDP 增长之间的差距在逐渐缩小。另一组数据（来源于普华永道 2015 年中国企业并购市场回顾）显示，2015 年中国并购市场交易数量比上年增长了 37%，交易金额上升了 84%，共计达到 7340 亿美元。根据表 1 – 2 国内企业并购交易的金额中，战略投资者并购交易从 2012 年的 882 亿美元增长到 4453 亿美元。在并购交易的行业中，高新科技行业成为并购交易的特点，从 2012 年的 162 亿美元增长到 2015 年的 774 亿美元。以普华永道为代表的分析机构认为：战略投资并购交易实现强劲的增长，主要得益于国内并购市场的逐步成熟以及经济转型、行业整合（尽管仍处于初级阶段）、重组和外延式增长。科技行业持续成为并购交易热点，主要原因在于投资者对科技行业高增长的期待、科技行业逐渐发生整合以及中国科技高速发展并产生的融资需求。但如果将并购交易的增长与 GDP 期望逐渐落差于实际 GDP 的趋势相关联，所映射的经济现象在于，国内整体经济增长出现滑落，随之并购市场和并购交易出现了迅速增长。

表 1 - 2　2011 ~ 2016 年 GDP 增速政府目标与实际完成数和国内并购交易增长

年份	2011	2012	2013	2014	2015	2016
政府目标（%）	8 左右	7.5	7.5 左右	7.5 左右	7.5	6.5 ~ 7
实际增速（%）	9.2	7.7	7.7	7.4	6.9	6.7
并购交易额（10 亿美元）	118.0	88.2	145.8	238.0	445.3	329

资料来源：根据政府工作报告与中经网统计数据及《普华永道 2015 年度中国企业并购市场回顾》整理。

作为构成经济增长市场主体的企业，经济增长预期目标与实际的落差在企业中将转变为企业目标预期与实际绩效落差的反馈问题。表 1 - 2 数据所表现的经济现象表明，绩效增长期望目标与实际绩效落差的逼近可能引起并购交易额的增加，同时，实际绩效与期望的差距越小，随之的并购交易额增加越多。以上经济现象可能隐含的一种并购决策形成规律在于，并购决策的变化有可能是企业决策者为应对绩效反馈所形成的问题搜寻式（Problemstic Search）决策。

（二）理论背景

在企业并购决策的动因研究中，一直围绕的主题在于并购战略对企业价值的增加可能有利，因此企业完成了大量的并购决策（Haleblian et al.，2009）。遵循这一理论的研究基于并购决策的行为结果与企业价值增加之间的联系证实了企业并购决策形成的原因，如追求市场垄断力量带来的收益（Kim & Singal，1993），协同效应带来的价值增加（Banker et al.，2003），获取优势资源或互补性的资源价值（Karim & Mitchell，2000；King et al.，2008）以及控制权市场带来的外部治理激励作用（Jensen，1986；Jensen & Ruback，1983）。这些理论认为并购决策的形成在于并购决策具备价值增加的特点，从而基于理性人的假设解释了并购决策的动因。随着研究的持续深入，后续研究开始发现并购并非总是价值增加的行为，常常出现价值损毁的结果，从而将其归因为管理层的自利动机（Agrawal & Walkling，1994；Sanders WG，2001；Haleblian & Finkelstein，1993）

与过度自信的属性特征（Hayward & Hambrick，1997；Malmendier & Tate，2008）。

这些混合性的结果表明并购并非都是价值增加的，且并购充满了风险性。解释企业为何以及如何陷入这些风险性决策之中需要更为详细的分析。除了并购带来的价值增加之外，决策者的个体属性从决策者的属性和动机特征解释了并购决策的形成。这些研究表明更接近于行为及心理过程，或者在这些过程中的反应和动机特征，被认为更能够反映并购决策的形成（Gamache et al.，2015）。而即使承认个体承担决策属性的差异性，对比决策者由于决策环境而形成的反应差异而言，这些属性仅仅解释了更小的部分（Cyert & March，2008）。

在本书中，我们沿着以上并购决策的研究方向，聚焦于并购决策者面临怎样的信息反馈，形成了怎样的反应来探究当前情境下我国企业并购决策的形成。解释企业决策者在面对绩效反馈时会形成什么样的反应从而做出决策是企业行为理论（Firm Behavior Theory）的研究核心。在企业行为理论的研究中，绩效反馈被认为是引导企业采取行为的重要机制。绩效预期偏差对于决策者的反馈会使企业发现目标实现过程中的问题，由此引发问题搜寻的反应决策行为（Cyert & March，2008）。根据企业行为理论，组织会依据实际绩效与预期的反馈发现目标实现中的问题，进行问题搜寻的决策行为以应对未能达到预期绩效增长的差距问题（Gavetti et al.，2012；Dykes et al.，2010；Kim et al.，2015）。

如何在企业绩效反馈的过程中确定企业决策的方向被认为更可能形成于组织决策的个体层面也即高管层面（Hambrick et al.，1996；Finkelstein et al.，2009）。并且，即使期望目标与实际绩效的落差驱动企业的搜寻决策行为，企业如何形成自己的决策方向也被认为并未得到解决（Kuusela et al.，2016）。绩效反馈与随后风险承担决策之间的关系在企业之间存在明显的差异性（Greve，2011），这些差异被解释为企业规模和威胁程度、资源、经验（Greve，2011；Iyer & Miller，2008；Kuusela et al.，2016；Kim et al.，2011）之间的差异。忽视了战略领导层在决策过程中对于问题反馈的态度，而企业决策主体面对绩效反馈会有怎样的反应过程，对并购决策方向的形成有重要的影响，在企业行为理论中并未被深入探讨。

在现代公司治理的决策机制内，企业完成反馈—反应决策行为的主体是多重的（Desai，2015），董事会与 CEO 团队被认为是企业战略的领导者（Finkelstein et al.，2009），并且，由于现代公司制企业决策程序的阶段性与明显分工（Jense & Fama，1983），在反馈—反应的决策模式中，多重决策主体会分阶段进入反馈—反应的决策程序。在并购决策的提议及其形成的前置阶段，由于组织决策权被认为让渡于 CEO，因此，CEO 对绩效反馈的反应行为及在反应过程中的行为过程将成为这一阶段影响企业并购决策的关键因素，而在决策的筛选和监督阶段，组织决策权被让渡于董事会，董事会在决策提议产生之后的过程中，面对绩效期望与实际的差距反馈，对 CEO 决策提议的反应行为将成为这一阶段影响企业并购决策的关键过程。董事会—CEO 这种分阶段主导决策过程的特征，有可能在企业面对绩效反馈时形成问题搜寻的决策时产生重要的影响作用，在现有有关企业行为理论中也未能被充分探讨。

因此，我们提出的问题在于，面对预期目标与实际绩效落差的反馈，董事会—CEO 作为企业的多重决策主体，分阶段的反馈—反应过程如何影响企业随后并购决策的完成？

现有在以决策主体影响决策产生的并购线索中，主要以 CEO 作为并购决策的核心，认为 CEO 的各种特质和职能范围主导着企业并购行为，企业并购决策受到 CEO 权力、个体特质的影响（Hayward & Hambrick，1997；Malmendier & Tate，2008），企业战略决策呈现符合 CEO 个人特质或经验特质的决策结果。但事实上董事会决策的黑箱被视作群体决策，是由董事会—CEO 双方共同完成的决策过程，董事会与 CEO 在决策中通过组织决策权力的不同让渡，在决策职能的分工下共同完成了并购决策，这种多重的企业决策主体特征，是企业行为理论下，对于决策形成需要充分考虑的一个现实基础。

董事会决策在现代公司治理中的一个明显特征在于决策程序的阶段性

与不同的决策主体相结合。基于代理理论对于董事会决策的行为分析，决策行为的产生由 CEO 个体发起提议，经过董事会审批，再由 CEO 执行，并由董事会监督。CEO 个体主导了决策的提议与执行阶段，董事会群体主导了决策的审批与监督阶段。绩效反馈与 CEO 反应行为导向的企业并购决策在提议阶段形成之后，会进入到群体决策阶段。围绕董事会—CEO 为决策主体，进入决策筛选、监督、执行的完成阶段（Jensen & Fama，1983）。CEO 基于绩效反馈的反应行为影响并购决策的提议，经过了形成阶段之后，将进入向群体决策转化的董事会—CEO 为共同决策主体的并购决策完成阶段。显然，董事会—CEO 在决策的不同阶段反应于绩效差距的反馈。在决策的提议形成阶段，CEO 的反应行为过程将成为影响并购决策方向的关键过程；在决策筛选、监督和执行的完成阶段，董事会为这一决策提议提供的支持程度会进一步影响决策的完成过程。面对绩效反馈时，这种分阶段的反应过程，可能是企业行为理论下，进一步研究董事会—CEO 形成并购决策的基础。

继 CEO 对绩效反馈的反应提出并购决策提议之后，董事会在绩效反馈出现下降时会表现为职能的加强，董事会被认为通过两种主要职能影响与 CEO 的共同决策，分别为提供更多的建议及资源或加强对于 CEO 的监督（Krause et al.，2013），这些职能表现为对于 CEO 的决策行为起到多大程度的支持作用。如果基于决策行为的四个基本程序来看，董事会作为群体并没有做出最优方案的选择，而是在支持或不支持 CEO 个体的决策提议（Krause，2014）。董事会通过职能的履行将 CEO 个体决策转变为群体决策之后可能会出现两种决策结果：由 CEO 个体作为决策的发起者，在通过群体信息交换与互动完成群体决策之后所得到的，决策的结果之一在于，董事会支持并接受 CEO 个体的决策方案；结果之二在于，董事会拒绝或者重新修正 CEO 个体的决策方案。这些职能反应将表现为：基于绩效反馈，董事会通过职能履行在多大程度上支持了 CEO 在绩效反馈下所做的努力行为。在董事会决策行为屋内（Boardroom），我们尚不清楚董事会职能效果对于并购决策产生的影响，因为董事会职能效果在企业之间存在明显差异

(Hambrick et al.，2015)，从而分析董事会基于绩效反馈对于并购决策的支持程度可能会成为继续打开董事会决策黑箱的有益研究。尽管期望偏差引起的问题搜寻越来越引起关注，但是以董事会与CEO为主的决策主体在决策过程对于绩效反馈的不同反应和支持在这一视角下被认为始终未能深入探讨（Desai V，2015），需要更详细地探究决策主体在董事会决策屋内的决策过程，以此来理解董事会—CEO主体对于决策结果形成的影响。

以上构成本书的基本研究主题。以董事会决策程序为核心内容，将决策过程分为两个主要阶段：从企业行为理论的视角出发，探讨并购决策在CEO为主体的提议形成阶段，CEO基于绩效反馈的反应如何影响并购决策方向的形成；在由CEO个体决策向董事会—CEO群体决策转化的完成阶段，董事会为绩效反馈形成的并购决策所提供的支持如何影响决策的最终结果。综合上述内容，将并购决策分为以CEO为主体的问题搜寻的形成阶段，以及董事会对于这一过程的支持阶段。在决策提议的形成过程分析中，我们沿着企业行为理论分析思路，探讨CEO基于绩效反馈的反应如何塑造并购决策的形成。在决策完成阶段，顺应董事会决策个体—群体董事会决策屋内董事会以职能为基础的决策过程，继续探讨董事会能力的差异所形成支持程度的差异对于并购决策完成的影响。以决策主体基于绩效反馈的行为过程为线索，梳理在不同阶段董事会—CEO作为多重决策主体基于绩效反馈的反应对问题搜寻下并购决策形成的影响，能够为企业行为理论在并购决策中的运用以及并购决策的过程提供新的解释，也为我国企业董事会建设与决策过程的解读提供新的研究价值。

因此，以我国当前的经济环境下的企业并购数据为对象，基于企业行为理论期望差距所产生的问题搜寻（Problematic Search）看待并购决策的产生，在董事会—CEO分阶段介入并购决策的基本框架下，依据问题搜寻的视角与有限理性原则下“准解决问题”的反馈—反应过程探讨对于并购决策形成的影响，可能会对我国企业这一时期并购决策的产生提供一些新的答案，为并购决策的行为过程提供新的解释。

二、研究问题

1. 核心问题

结合研究背景，本书研究的核心问题在于：董事会—CEO 作为企业的决策主体，在绩效反馈下的分阶段反应，如何影响并购决策的完成？

众所周知，现代公司治理中的董事会与 CEO 主要通过决策四程序及职能影响决策的结果（Jensen & Fama，1983），董事会决策屋内的四程序构成决策的系统过程，包含了以 CEO 个体为主导的决策提议前置过程以及董事会群体的决策筛选支持过程。在企业行为理论中，缺少有关结合董事会—CEO 为代表的高管层及决策过程来探讨反馈——反应程序对于决策结果影响的研究成果，绩效反馈对于不同决策主体的反应行为被认为没有深入研究（Desai，2015）。

有关董事会对于决策的影响集中于讨论在筛选和监督过程中董事会与 CEO 的职能对于决策的影响作用，董事会—CEO 作为决策主体，不仅通过既定职能机制影响决策讨论，对信息反馈的反应在随后的决策承担完成中也起到了非常重要的作用，因为决策个体的行为被认为并非完全符合最优效用准则和最优环境匹配。在决策的提议过程中，以 CEO 为核心，开始了董事会决策中的个体决策形成阶段，CEO 基于绩效反馈的反应就有可能影响并购决策的形成。在并购决策进入董事会开始形成群体决策程序之后，面对绩效反馈及 CEO 所做的决策努力行为，董事会的反应会继续影响决策行为的最终完成。因此本书研究问题的表述如图 1 -1 所示。

在企业行为理论的视角下，深入研究多重决策主体如何以准解决问题的反馈—反应行为模式完成并购的决策过程，需要对决策主体和决策阶段的细分，考虑不同的决策主体分阶段的行为反应。因此，以代理理论董事会决策的程序为基础，基于绩效反馈—反应行为线索，探讨董事会—CEO 决策主体在不同决策阶段的反馈—反应完成并购决策的过程，需要细分决策的基本阶段和不同阶段决策主体进入情况。

如图 1 -1 所示，在董事会决策程序的基本程序框架内，以 CEO 为核心的提议形成过程，以及董事会对 CEO 职能的影响完成筛选、监督、执行的过程，实现了个体决策向群体决策的转化。本书将当前并购决策的形成划分为两个基本阶段：即并购决策的形成阶段（决策提议的前置）与并购决策的完成阶段。在这两个阶段，决策主体由 CEO 为主体转变为董事会的群体决策过程，分别研究 CEO 个体基于绩效反馈的反应，以及董事会基于绩效反馈的反应会为企业行为理论有关决策主体与决策阶段的反馈—反应决策行为提供进一步深入的经验证据。

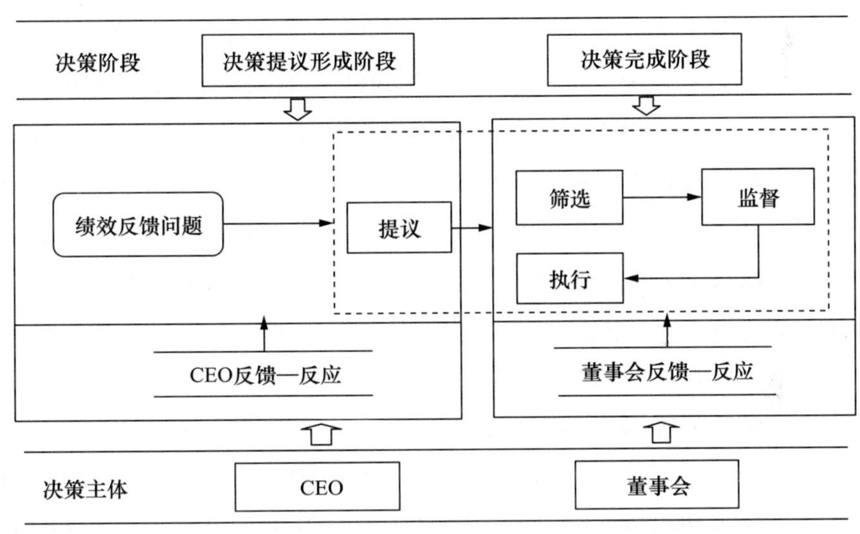

图 1－1　本书的研究问题表述

决策行为会遵循准解决问题的行为特征而非完全的最优模式被认为与应付预期反馈和不确定性世界密切相关（Cyert & March，2008），企业行为理论认为，企业决策是问题导向的搜寻行为（Problematic Search），往往产生于预期与实际的偏差，决策是对不确定性世界的一种反应，由于计算和搜寻成本的存在，企业因此在更多时候并不完全遵循最优决策方案和最优决策行为，而是应对眼前的反馈问题，通过解决一系列问题来完成决策。选择企业行为理论的视角解答这一问题的另一原因在于我们对我国当前 GDP 增长率下滑的趋势与并购决策持续增多现象的联系性思考，这一现实背景更符合企业行为理论中问题搜寻引发决策行为的视角。根据以上内容，本书的研究问题将被设计为两个分解的子问题分别进行解答。

2. 分件问题之一

子问题之一在于：在企业并购决策的形成阶段，CEO 基于绩效反馈的反应行为，如何影响并购决策的形成？

企业会依据绩效和目标的历史信息为目标设置一种期望水平，以此来发现目标实现过程中存在的问题（Cyert & march，2008）。当企业绩效低于其期望水平时，绩效增长下降的问题就会引发搜寻的决策行为，企业的行为模式与特征更多在于应对当前问题和环境不确定性的“准解决”特征。企业绩效与其期望水平的差距反馈被认为有两种不同的形式，分别为历史期望与绩效反馈的差距（基于企业自身历史绩效的反馈差距），以及社会期望与绩效反馈的差距（企业基于同行业企业的绩效反馈）。历史期望水平与绩效反馈的差距能够反映出企业自身的绩效问题与未来的目标方向，社会期望水平与绩效反馈的差距为企业与竞争对手和同行相比提供了很好的识别指标，这些反馈都可能引起企业随后的搜寻决策行为。

绩效反馈仅仅引起问题搜寻的动机，并不能确定决策完全的方向（Kuusela，2016），组织层面结果的来源在于高管团队的属性特征与行为过程（Hambrick et al.，1996；Finkelstein et al.，2009），在决策提议的形成阶段，并购决策更符合以 CEO 为核心的个体行为决策特征。借鉴和参考已有高管个体基于企业行为理论决策的基本框架（Mishina et al.，2010），在面对绩效反馈的基础上，本书构建了 CEO 的三种反应过程来探讨 CEO 基于绩效反馈的反应如何形成并购决策的方向，分别为损失厌恶、赌场盈利效应、模仿密度。

首先，基于前景理论假说，个体决策者对于损失的敏感性要更高于对收益的敏感性，面对确定的损失时，更愿意冒险，因此会选择高风险的战略决策如并购战略。其次，以前预期与实际绩效的差距作为参照形成了不同的财富基础与类型，而决定战略决策方向的一个主导被认为是资源类型，结合 CEO 行为决策的研究成果，对待财富积累的来源类型同样会促成一种决策承担的心理过程：赌场盈利效应，极有可能在这一阶段影响 CEO 个体决策的方向。最后，对于决策者而言，付出即意味着成本。在面临绩效偏差的压力时，使决策者面临一种模糊而不确定的情景之中，受并购行为大量出现的现实情况影响，以及决策形成过程中的搜寻成本，决策形成过程中模仿性行为的作用开始凸显，这会影响 CEO 的决策方向。因此，子问题之一将被分解为三个方面，以此来回答 CEO 基于绩效反馈的反应行为如何影响企业的并购决策行为。分别为：CEO 面对绩效反馈的损失厌恶、CEO 面对绩效反馈的赌场盈利效应、CEO 面对绩效的模仿效应。以此来组成 CEO 基于绩效反馈的反应行为过程，探讨 CEO 在并购决策的形成阶段对于并购决策的影响。

3. 分件问题之二

子问题之二在于：在并购决策的完成阶段，董事会基于绩效反馈的反应如何影响并购决策的形成？

并购决策在以 CEO 为核心的个体决策模式开始进入到董事会—CEO 构成的群体决策程序之后，基于企业绩效与董事会对 CEO 职能的研究表明，董事会对 CEO 职能在绩效反馈下会明显加强（Krause et al.，2013），董事会通过三种职能行为反应于 CEO 基于绩效反馈所做的决策提议：分别表现为通过增加更多的咨询与建议，提供更多的资源支持和履行更多的监督行为。在董事会的决策屋内，董事会在这一过程中并没有做出最优决策的方案，而仅仅是在选择框架中做出支持或不支持的选择（Krause et al.，2015），为同一硬币的两面。但是，研究并不清楚董事会在面对绩效反馈时在多大程度上起到了支持 CEO 决策提议的作用（Dowell et al.，2011；Tuggle et al.，2010），董事会对于企业决策的支持程度将随董事会能力的异质性而发生改变。

董事会资本作为董事会成员能力的代表是董事会能否有效发挥其职能行为的基础（Hambrick et al.，2015），构成了董事会行使职能所能够搜寻到的信息集和机会集。董事会面对绩效反馈在多大程度上支持或不支持

CEO 基于绩效反馈的决策取决于董事会资本的构成。借鉴已有董事会资本构成的研究成果，本书以董事会资本的三种维度作为能力属性的基础，探讨董事会对于绩效反馈形成并购的支持程度，以回答董事会在绩效反馈形成并购决策过程中发挥的作用。

借鉴 Haynes 和 Hillman（2010）以及 Hambrick 等（2015）有关董事会资本的框架，本书以三种董事会资本特性为基础构建董事会影响绩效反馈下并购决策形成的分析框架，分别为董事会社会资本、董事会与 CEO 人力资本异质性以及董事会被激励程度。

根据已有高阶团队理论关于董事会属性的研究基础，董事会成员作为公司治理的精英，社会资本即董事会横向连接性，主要指在其他企业董事会担任董事的企业董事，能够在一定程度上代表董事会声誉。兼职董事往往作为董事会成员能力的一种市场表现，声誉较高的董事往往能够被更多的上市公司所同时聘任，能够反映董事的行业经验和决策能力，为董事会的决策提供支持。同时，董事会社会资本也被认为能够为企业带来更多的资源，增加了企业与环境依赖性的路径选择，为企业的战略实现方式提供更多的咨询职能。

董事会团队的异质性作为其能力属性的代表被广泛使用，已有研究从两个方面解构了董事会成员的异质性，认为董事会异质性越强，所发挥的董事会监督职能越强；另外，董事会成员异质性越强，所能提供的信息交换越丰富，从而其咨询功能也会越强。而显然，基于绩效反馈，董事会通过职能反应于 CEO 的决策提议，更需要进一步区分董事会与 CEO 之间的异质性，而非董事会与 CEO 作为高管团队整体的异质性，更有助于分析董事会通过职能对于 CEO 决策提议的反应行为。

董事会是否能够有效履行其行为职责，还取决于董事会成员有多大程度的动机（Hambrick et al.，2015）实现其职能效果，因此，董事会被激励程度成为董事会履行其职能的动机程度代表。董事会作为股东的委托人，同时作为企业的领导层，如何实现企业价值最大化的目标一直是代理理论解决的核心问题之一。基于代理理论的研究认为，在两权分离的公司制企业中，群体决策行为能够被协调一致完成的一个核心在于激励机制的导向作用，以保证决策行为主体能够目标一致地完成决策与随后的行为。现代公司治理开始逐渐重视利益一致设计，通过激励机制的设计提高 CEO 与董事会利益的一致性。董事会与 CEO 利益一致的激励机制减少了 CEO 与股东及董事会利益的冲突，能够提高董事会与 CEO 整体的激励属性，从而使董事会更有意愿对 CEO 的决策履行相关职能。

综上，在问题搜寻式并购决策行为进入到不同决策主体为主导的决策阶段时，需要联合研究董事会—CEO 在决策过程中对于绩效反馈的回应，最终完成反馈—反应的决策过程。在已有董事会—CEO 通过职能特征影响决策的基础之上，需要进入到董事会—CEO 在行为过程中影响决策的领域，探讨并购决策在更符合个体行为决策的 CEO 主导阶段行为过程，以及符合群体决策特点的董事会通过能力属性影响 CEO 个体决策转化为群体的行为过程，为并购决策的形成提供更详细的行为过程解释。

第二节　研究内容与研究方法

一、研究内容

（一）理论基础

根据本书的研究问题所在，本书核心的研究内容在于董事会—CEO 基于绩效反馈的分阶段反应如何影响企业并购决策的最终完成。依据研究问题在我国兴起的实践背景和现代公司治理董事会—CEO 形成的决策程序，解答这一问题需要探讨两个基本内容，首先，打开决策提议的前置，也即绩效增长预期的偏差作为反馈如何影响并购决策的形成。在这一内容中以 CEO 为决策主体，结合绩效反馈—反应行为分析并购决策过程中提议的形成。其次，探讨并购决策提议形成进入董事会决策屋转变为群体决策之后，董事会建立在能力属性的基础上所达到的职能效果，如何影响 CEO 基于绩效反馈的决策提议，最终影响并购决策的完成。研究内容的基础由以下两个方面构成：

1. 绩效反馈与并购决策形成

企业行为理论在为组织决策搜寻与改变的起点提供理论解释。根据企业行为理论，企业决策是问题导向的搜寻行为（Problematic Search），企业通过期望差距发现问题，引起搜寻决策行为，通过解决一系列问题完成决策，这被认为是反馈—反应的决策行为模式。在决策形成的起点中有问题与松懈两个关键的刺激（Key Stimuli）。关于当前绩效的反馈引起了组织想要通过搜寻决策解决问题的动机。问题搜寻是一种确定出当前可选择性的其他行为以重新解决绩效下降的努力行为，即搜寻是由于问题而引起的，因此以解决问题为搜寻方向，而松懈搜寻的形成与组织有额外的资源可做试探性的行为。

在企业行为理论的视角中，组织通过绩效反馈发现问题，形成启发决策并采取行动。其中绩效与企业期望水平的相对差距被认为是绩效反馈的核心内容，在期望水平和实际绩效之间的差距被称为成绩差距（Attainment Discrepancy），一个负的成绩差距——绩效低于期望水平——会使企业进行问题搜寻，以期弥补这一差距。作为对比，绩效高于期望水平的企业进行改变决策的可能性较少。其中，期望水平被决策者视为一个可以接受的最小水平的满意度。有限理性的决策者使用期望水平确定绩效成功或是失败的边界，从而开始寻找出现这些问题的原因以及解决它们的决策。期望水平形成于历史或社会的绩效标准，已有大量研究证实了期望水平是组织之前行业比较和实际绩效反馈的函数。由于企业常常使用并购加速成长，这些并购会使企业的绩效与期望水平的位置发生逆转，因而成为了企业问题搜寻决策方案的潜在选择之一，上述过程在企业行为理论中被表述为绩效反馈与问题搜寻的决策形成过程。

2. 董事会—CEO 分阶段反应的决策过程

在本书中，我们关注企业决策主体在面对绩效反馈时的反应过程对并购决策产生的影响。根据已有有关企业董事会决策程序的分析框架，企业决策是多重决策主体，主要包括 CEO 与董事会。在代理理论有关决策程序的分析框架中，董事会决策阶段由于让渡于不同的决策者，因此可以分为两个基本阶段，即以 CEO 为主导的个体决策阶段，在面对绩效反馈时负责决策提议的形成以及后续的执行；以董事会为核心所主导的董事会决策屋内群体决策阶段，在面对绩效反馈时负责决策的筛选、监督阶段。在以 CEO 为主导的个体决策形成阶段更符合个体决策在面对绩效反馈时的行为过程如何影响决策的形成，而在以董事会为主导的群体决策完成阶段更符合董事会群体决策在面对绩效反馈时的行为过程如何影响决策的形成。因此，需要针对企业决策的主体做形式上的区分。

事实上从 CEO 首次在董事会中提出预案到并购决策的最终完成，经历了明显的时间阶段。如图 1－2 和图 1－3 所示。

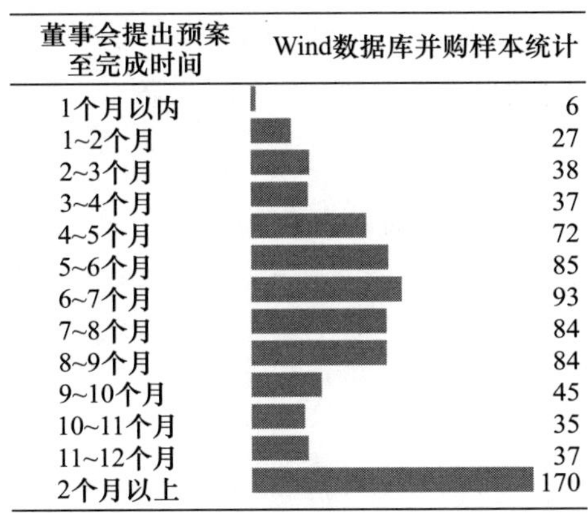

图 1－2 CEO 提出预案到并购决策完成时间

根据 Wind 数据库 2011～2015 年有数据可查的并购决策完成的样本，这些样本显示从 CEO 在董事会首次提出预案被披露至并购完成的平均时间需要 8.9 个月。并且，从 Wind 数据库中显示的样本分布时间来看，最短 1 个月以内，最长达到 1 年以上，并且时间分布中 1 年以上的样本不在少数，从提议至完成并购的时间随着并购的类型不同而发生变化。

并购类型	首次提议至完成平均时间（天）	平均完成时间对比（月）
垂直整合	250.672	8.356
多元化战略	254.077	8.469
横向整合	264.514	8.817
买壳上市	316.337	10.545
业务转型	333.237	11.108
战略合作	219.000	7.300
整体上市	334.067	11.136
资产调整	162.784	5.426
总体平均	268.156	8.939

图 1－3　CEO 提议至并购决策完成时间类型

因此，我们将并购决策划分为以 CEO 个体为中心的并购决策形成阶段与以董事会决策屋群体决策为主体的并购决策完成阶段，之后将分别研究，绩效预期偏差作为反馈下 CEO 反应行为过程对于企业并购决策产生的影响，以及董事会基于绩效反馈的反应行为过程对 CEO 决策提议的影响作用，以此分别来回答本书研究的问题之一和问题之二，本书的核心内容在研究中安排如下：

（二）内容分解

1. CEO 基于绩效反馈的反应对并购决策的影响

国内 GDP 增长率逐年下滑的趋势反映出企业绩效增长的压力问题，而与此同时，逐年增加的企业并购交易额则反映出增长问题导向式的并购决策产生的逻辑线索。为此，依据企业行为理论，企业问题搜寻式决策行为产生的关键在于预期（Aspiration）偏差。企业预期通过企业绩效目标中的期望水平与绩效反馈获得，即企业通过获得的过去的目标、过去的绩效以及其他与组织“具有可比性的”组织过去的绩效，从而确定组织自身的绩效目标期望，以组织实际的绩效反馈发现差距，组织由此得到了关于目标能否实现的预期，也即问题的发现。决策提议行为的产生可能是满足预期偏差的问题决策。

首先，探讨企业行为理论下绩效反馈与并购决策的形成。有关企业行为理论的多数研究成果认为，绩效压力问题对于决策行为的影响通过两种形式的企业预期（Aspiration，即通过比较发现问题）产生，分别为历史期望与绩效反馈的差距，以及社会期望与绩效反馈的差距。在保证偏差最小的情况下，借鉴已有学者的研究成果，我们使用绩效与历史期望的落差来反应绩效反馈问题。当企业发现当前绩效与期望目标之间差距的问题时，需要寻找相应的决策方案来解决这一问题，如图 1 –4 所示。

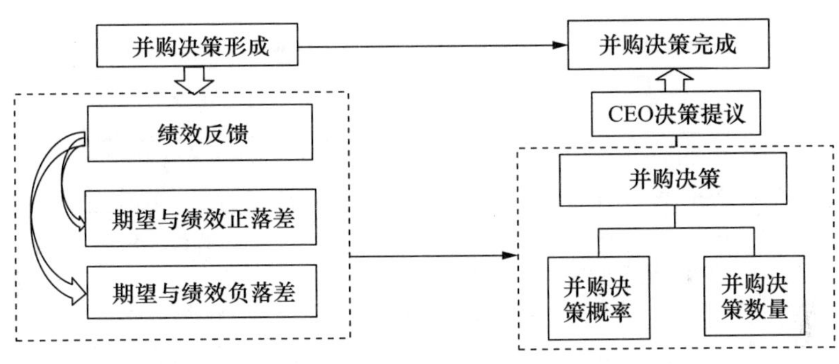

图 1 –4 绩效反馈与并购决策提议的形成

如图 1 –4 所示，根据已有有关并购决策的研究内容，本书将以上市公司样本中发生并购的概率与并购决策的数量作为并购决策产生的结果，以此探讨绩效期望目标与实际落差的反馈应引起的反应行为对于并购决策的影响。绩效与期望目标的落差常常被分为两种形式：一是实际绩效逼近期望目标，这种形式被称为绩效与历史期望的正向落差；二是实际绩效低于期望目标，这种形式被称为绩效与历史期望的负向落差。前景理论的研究成果表明，个体决策者在面对既定的损失与既定的盈利时对于风险的态度不同，并非具有对称性，因此，有必要对绩效与历史期望的落差做以上区分。

其次，企业行为理论中绩效反馈引起问题搜寻决策的产生并未能深入到个体决策者的行为过程中解释如何确定决策的方向性，即个体决策者CEO 在面对绩效反馈时，是如何通过一系列行为过程确定是否并购，以及增加并购数量这一决策行为方向，这些反应行为如何影响并购战略的形成。因此，以 CEO 为核心，在并购决策的提议形成阶段，通过分析 CEO 在面对绩效反馈时的反应过程，解释个体决策者面对绩效反馈的不同反应所导致的决策形成及差异，是研究内容一的关键部分。借鉴已有研究，本书构建的 CEO 基于绩效反馈的反应主要包含损失厌恶、赌场盈利效应和模仿效应三种过程，如图 1 －5 所示。

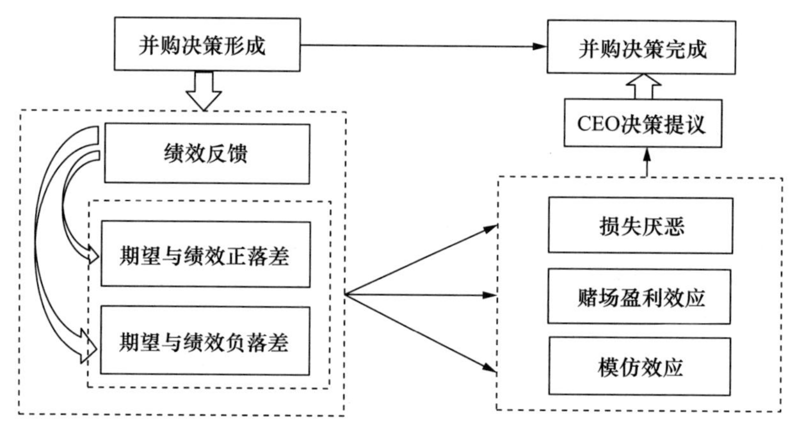

图 1 －5　CEO 基于绩效反馈的反应对并购决策的影响

依据前景理论，个体对于损失的厌恶导致了在面对既定损失时会采取冒险性行为，在面对既定收益时更可能追求安全性。个体决策者对于损失的敏感性要更高于对收益的敏感性，面对既定的损失时，选择高风险战略的数量可能会更多，而面对既定的利益，更愿意追求财富的安全性，会减少冒险性行为。因此，需要区分正向绩效落差反馈与负向绩效落差反馈对于并购决策形成的影响区别。

同时，在前景理论的进一步研究中，认为个体在以前决策中所积累的财富类型会影响随后的决策承担，这一过程被称为赌场盈利效应。参考已有研究，本书以企业资本市场上的收益作为衡量企业财富积累来源的类型，探讨赌场盈利效应的行为过程对于并购决策形成的影响。从而在面对绩效增长下滑时，不同财富积累类型的区分有助于进一步验证决策行为特征中赌场盈利效应对于决策的影响。

最后，本书考虑了另一种 CEO 面对绩效反馈的反应对随后决策承担的影响——模仿性过程。由于在决策过程中，付出即意味着成本，行业内相似的企业做出同样的决策行为给予某一企业无法避免的模仿性影响，并且节省了目标企业的决策信息搜寻成本，由此产生了模仿性。并且，模仿过程对于风险性行为决策的形成有责任扩散的影响，这使 CEO 个体在面对可能出现损失时的内疚感降低。因此，以上三种行为过程作为 CEO 面对绩效反馈的反应如何影响并购决策的形成，构成本书对于并购决策形成阶段的分析内容。

2. 董事会基于绩效反馈的反应对并购决策的影响

企业行为理论以绩效反馈作为问题搜寻决策产生的起点，组织决策被认为是在解决每一个出现的问题。尽管我们对于绩效反馈和 CEO 反应行为的细分能够进一步分析并购决策提议的产生，但并购决策的完成，最终需要进入董事会决策程序。因此，我们仍需要围绕董事会决策阶段将企业决策的黑箱打开。企业并购决策的主体在完成阶段并非以 CEO 个人为主导，而是转变为董事会与 CEO 群体，在并购提议之后，有必要进入董事会完成决策的阶段，才能真正回答本书的研究问题：董事会—CEO 反应行为过程如何影响并购决策的完成。

高阶团队理论的研究认为，企业董事会决策黑箱的关键在于决策主体的决策交互过程（Cooper，2013）及其规律。而在董事会决策屋内的决策过程中，根据代理理论，有关董事会决策与控制机制的研究成果（Jensen & Fama，1983），已有研究所解开的决策的实质过程与规律如下：①决策过程由四个主要阶段（Steps）组成，分别为：提议阶段，就资源使用和合同结构提出建议；审批阶段，选择要执行的决策提案；执行阶段，执行所批准的决策；监督阶段，考核决策者的绩效和兑现奖励。②由于专用知识巨大的信息传递成本，决策的四个阶段与相关的决策主体实行分离让渡，董事会掌握了决策的审批阶段与监督阶段，CEO 掌握了决策的提议阶段与执行阶段。③董事会在决策过程中同时具备监督职能、咨询建议职能以及资源提供职能，通过职能行为为决策过程提供支持。④董事会—CEO 群体决策并没有做出最优决策方案的选择，而是接受或者拒绝 CEO 提议的决策方案。

当董事会面临 CEO 形成的决策提议和已有的绩效反馈信息时，为现有决策提供支持或不提供支持成为其在决策过程中的反应结果。不同于 CEO 个体决策阶段，CEO 决策形成会由于个体心理动机产生的行为过程来影响决策方向，根据已有董事会研究基础所提供的分析框架，董事会基于绩效反馈的反应行为结果主要由董事会成员群体的能力属性产生的职能效果来影响 CEO 决策。

董事会在面临绩效反馈之后，在董事会决策屋内的行为过程主要为对 CEO 三种职能的加强，分别为：为 CEO 提供更多的咨询和建议、对于 CEO 的监督，以及为 CEO 提供更多的资源（Krause，Semadeni & Cannella，2013）。大量研究以董事会正式的职能与结构（Formal Structrual）为基本框架勾勒了董事会—CEO 的关系，这被认为并没有系统地进入到企业决策过程中探讨董事会—CEO 行为特征对于决策的影响（Mcdonald et al.，2010）。

事实上，董事会能力的差异使职能对决策的支持程度在企业之间出现了差别。基于有限理性与信息搜寻成本的存在，董事会职能的发挥无法在一次行为中实现最优，董事会职能行为将建立在董事会成员已有能力属性的基础上通过不断反应与调整实现职能效果最优的过程。近年来的研究表明，董事会成员的能力属性是董事会能否有效发挥其职能行为的基础（Hambrick et al.，2015），构成了董事会行使职能所能够搜寻到的信息集。董事会能力属性所形成的董事会职能效果在多大程度上起到了支持或不支持 CEO 的决策行为，将成为本书在这一阶段董事会基于绩效反馈的主要行为过程的内容。

因此，本书将借鉴董事会资本构成的研究成果，基于董事会资本构成来探讨董事会基于绩效反馈的反应。如图 1－6 所示。

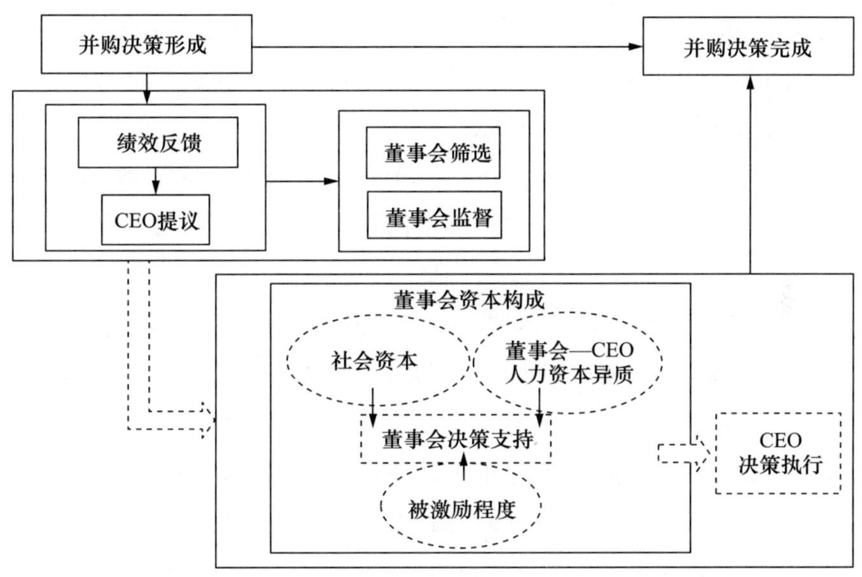

图 1－6 董事会基于绩效反馈的反应对并购决策的影响

借鉴董事会资本概念和 Hambrick 等（2015）有关董事会能力属性与职能效果的分析框架，董事会能够有效地发挥职能效果的行为过程取决于董事会能够为 CEO 带来决策影响的属性以及具备多强的行为动机，根据 Hambrick（2015）所构建的能力属性，本文分析了三种董事会能力属性形成的职能效果，并将其定义为董事会资本构成：董事会社会资本、董事会与 CEO 人力资本异质性属性以及董事会被激励程度。董事会资本构成基于绩效反馈如何影响 CEO 并购决策提议，为 CEO 决策提议提供支持程度成为本书决策完成过程的研究内容。

综上，本书对董事会—CEO 作为多重决策主体分阶段反应于绩效反馈的行为过程，如何影响并购决策的形成做内容分解，以期回答本书的研究问题。具体章节内容和结构安排如下：

第一章为引言。阐述当前经济环境下并购决策形成的一个突出现象，即经济增长常态化中下降化趋势与并购增长并行，运用企业行为理论解释这一现象与并购决策的形成。在企业行为理论框架内，进一步阐述不同的决策主体对绩效反馈的反应影响并购决策形成的可能性。在此基础上，提炼了研究问题以及研究内容。说明了接下来将要使用的研究方法、研究计划以及可能出现的创新和研究贡献。

第二章为文献回顾与研究评述。对企业并购决策形成的动因做了详细的梳理与述评。在回顾了企业并购决策的研究文献之后，将并购动因的形成分为价值最大化追求、管理层自利、环境特征和企业特征四个基本内容。并补充了董事会作为另一重要主体在并购决策中所起到的作用。针对并购决策的形成，同时梳理了围绕并购决策主体解释并购决策形成的主要理论，包括代理理论、资源依赖理论、高阶团队理论以及企业行为理论。这些理论为企业行为理论下如何扩展并购决策主体的反馈—反应决策行为从而决策的完成提供了分析基础。借助这些理论，提出并购决策的董事会—CEO分阶段进入并购决策，CEO 基于绩效反馈形成不同的反应过程，以及董事会基于绩效反馈会由于董事会能力属性的构成不同而为决策提议提供不同程度的支持提供文献支撑，并为随后建立 CEO 基于绩效反馈的反应以及董事会基于绩效反馈的反应如何影响并购决策的形成设计提供理论基础。

第三章为 CEO 基于绩效反馈的反应对并购决策提议的影响。基于董事会—CEO 决策行为框架以及企业行为理论，构建了绩效反馈对于并购决策提议形成的分析框架。在问题搜寻决策的逻辑下，分析了面对绩效与期望差距的反馈，CEO 所形成的损失厌恶、赌场盈利效应，以及模仿性行为过程对于并购决策形成的影响。在分析过程中，还区分了绩效与期望的正向差距反馈以及绩效与期望差距的负向反馈对于并购决策的不同影响。在这些理论分析的基础上，构建了本书的基本假设，并设计了验证这些基本假设的模型。此外，详细介绍了构建模型所遵循的研究方法，包括变量的设计、样本筛选以及研究方法的选取，使用了混合 Logit 并聚类稳健标准误的回归，以及零截尾 Piosson 回归分析。本章的最后介绍了研究设计实证分析的详细结果，包括描述性统计分析、相关性分析结果、回归分析结果以及针对这些结果的讨论与小结。

第四章为董事会基于绩效反馈的反应对并购决策完成的影响。仍然基于董事会—CEO 决策行为框架以及企业行为理论，构建董事会基于绩效反馈对于并购决策提议完成的分析框架。在问题搜寻决策的逻辑下，分析了面对绩效与期望差距的反馈，董事会能力属性的构成对于并购决策提议所提供的支持程度对决策完成的影响。在分析过程中，借助董事会资本构成作为董事会反应的分析基础，分析了董事会的三种能力属性对于绩效反馈下形成并购决策的影响，分别为董事会社会资本、董事会—CEO人力资本异质性以及董事会被激励程度。在这些理论分析的基础上，构建了本书的基本假设，并设计了验证这些基本假设的模型。详细介绍了构建模型所遵循的研究方法，包括变量的设计、样本筛选以及研究方法的选取，仍然使用了混合 Logit 并聚类稳健标准误的回归，以及零截尾 Piosson 回归分析。本章最后介绍了研究设计实证分析的详细结果，包括描述性统计分析、相关性分析结果、回归分析结果以及针对这些结果的讨论与小结。

第五章为研究结论与政策建议。对于本书的主要研究内容和研究结论进行了提炼总结，以此来回答提出的研究问题，依据研究结论客观地说明了研究可以应用于实践的政策与建议。对于研究中所遇到的尚无法充分解决的难题和局限性做了回顾，就目前的研究及可能需要继续延伸的研究方向做了分析。

二、研究方法

根据研究内容，本书需要依据企业行为理论建立绩效反馈所产生的问题搜寻决策模型，以及董事会—CEO 反馈—反应的决策分析框架。首先，以问题搜寻与 CEO 基于绩效反馈的反应打开董事会—CEO 决策提议的前置，构建 CEO 面对绩效反馈的行为过程对并购决策提议形成的影响模型；

其次，在董事会决策程序的基础上，继续构建董事会基于绩效反馈的反应行为对于并购决策的影响模型，探讨董事会基于绩效反馈的反应对并购决策完成的影响。

基于企业行为理论的问题搜寻导致决策产生的理论线索，在当前GDP增长率逐年下滑的情形下，解释绩效反馈与CEO反应过程如何影响并购决策的形成，并结合董事会—CEO分阶段反应的并购决策形成过程，需要理论推演与文献分析，以及在此基础上形成的假设和实证验证，还需要多元回归分析等实证分析方法。董事会—CEO作为决策主体，在并购决策形成和完成的不同阶段，包括对于CEO反应行为的讨论、董事会基于能力属性对CEO并购决策提议产生的影响，需要文献归纳与分析以及理论演绎，据此提出命题与假设并进行实证验证，也需要实证分析法，如多元回归与分组回归和调节回归。具体而言，将使用以下研究方法：

（一）文献分析法

文献分析法是指通过对相关研究领域的文献进行收集、鉴别、整理，以及对以往研究的脉络和发展进行分析，从而形成对研究对象科学认识的方法。本书将从现有对于企业并购行为动因的研究入手，总结引发企业并购动机的已有研究基础，结合当前GDP增长率不断下降的实际情况与企业行为理论的前沿研究，分析绩效反馈与企业并购决策产生的关系。此外，通过对企业行为理论已有研究文献的梳理，以及对于代理理论和高阶理论的文献梳理，能够帮助本书对于基本概念进行更为清晰的界定，也能够勾勒出问题搜寻式决策的基本模型，及董事会—CEO分阶段决策的基本过程、董事会—CEO基于绩效反馈的反应过程，形成本书研究的逻辑基础。

（二）理论演绎法

理论演绎法是一种探索性的研究方法，在研究问题的基础上，分析涉及的理论间的相关性，从经典理论的视角梳理出核心概念之间的因果关系。本书对于企业并购行为的增长与GDP增长率逐年下滑的现象进行联系性思考，将基于企业行为理论的推理展开，以问题搜寻决策行为产生推演，分析绩效反馈对于企业并购决策行为的影响，以此来探讨我国企业并购的决策主体基于绩效反馈的反应行为对于决策结果的影响。除此之外，应用代理理论与高阶团队理论对于董事会—CEO 为主体的决策程序进行阶段划分，总结个体—群体主导两个部分在面对绩效反馈时的不同行为过程，分别探讨 CEO 为决策主体的反应和董事会为决策主体的反应形成决策的过程。

（三）实证分析方法

实证分析方法是指依据现有的科学理论或实践发展的需要，根据对现象变化情况的观察、记录与测度，来检验条件与现象之间因果关系的一种研究方法。实证分析方法的主要目的是论证和检验规范分析结论的合理性，本书实证分析部分的流程是：首先，根据研究假设进行变量设计、研究模型设计；其次，进行变量和研究模型的设计、数据采集和预处理；再次，根据数据结构和特点选用适宜的统计方法；又次，数据分析，包括描述性统计、相关性分析、回归性分析等内容；最后，得出研究结论。

在本书中，首先以 CEO 为决策主体基于对绩效反馈的分阶段反应分析对企业并购决策行为的影响，以此来打开董事会—CEO 决策中第一阶段的研究内容，采用的实证分析方法主要涉及多元回归分析、Logit 回归、计数模型的 Poisson 回归。而在加入董事会—CEO 为主体在决策完成阶段的反应之后，需要分析董事会对绩效反馈的行为过程，增加调节效应回归分析，由于模型变量的特性，我们在模型构建时仍然需要使用面板或混合 Logit 回归以及 Piosson 回归。

本书数据处理与分析主要使用 Stata 13.0 与 R 语言两种软件：Stata 软件用于处理构建模型所使用的各种面板和混合回归，以及可能使用的动态面板回归；鉴于 R 语言强大的数据发掘功能，将用于数据预处理以及稳健性检验的数据与结论的深度发掘，用以拓展本书的研究方法。

第三节　研究创新与研究意义

一、研究创新

本书预期将在以下内容中发展和细化已有的研究：

第一，基于企业行为理论的视角，以绩效反馈的问题搜寻解释企业并购决策的形成，对当前我国企业并购决策的动机研究是一种补充。虽然在外国已有基于企业行为理论对于并购战略行为的研究，但是国内基于企业行为理论对于并购的研究并不多见，以及如何通过决策环境解释并购中的非理性行为也并不充分，特别是在当前 GDP 总体下滑低于最初预期，而并购决策日渐增多的现实背景下。因此，本书基于企业行为理论的问题搜寻式决策视角，对于我国这一时期并购决策的产生和增多将提供一种新的解释。

第二，研究董事会—CEO 基于绩效反馈的反应如何形成并购决策，补充了企业行为理论中问题搜寻如何在高管层面形成决策的具体过程。企业行为理论中绩效反馈引起问题搜寻的决策动机，但并不能保证决策搜寻的方向性，也忽视了高管在决策形成过程中的重要作用。问题搜寻决策的基本思路在于期望偏差作为绩效反馈对于企业战略行为的影响，这被认为仅仅给定了一个反馈—反应的线索，并没有为企业决策在高管层面如何形成提供解释。在决策的最终形成中，高管层作为战略领导是重要的主体，决策的形成可能依赖于董事会—CEO 基于绩效反馈的反应，如损失厌恶、赌场盈利效应、模仿性以及董事会的支持。已有研究并未从董事会—CEO 决策的反应深入到董事会—CEO 企业战略决策的内部过程。本书基于 CEO 的个体决策阶段探讨 CEO 基于绩效反馈问题的反应行为过程，以及董事会为群体决策阶段的反应，讨论了高管层面的反应对于问题搜寻决策形成的影响。

第三，以企业行为理论的反馈—反应视角结合代理理论的一般性决策框架，通过对决策阶段的划分和不同主体反馈反应的过程研究，细化了并购决策多重主体与不同的决策阶段如何形成并购决策的规律研究。自 Jensen 和 Fama（1983）提出所有权与控制权的分离在决定着公司制企业需要在可让渡的决策权重分离决策程序和决策权力以后，提议、筛选、执行、监督的决策四程序被现有研究广泛接受。在董事会—CEO 决策形成分析中沿用四程序内框架，并结合董事会—CEO 分阶段研究决策的形成过程，将扩大这一通用决策框架在并购领域内的运用。从反馈—反应企业行为理论视角尝试打开董事会—CEO 并购决策的形成黑箱，结合了代理理论下决策的一般性框架，并分析不同主体在不同阶段的反馈—反应行为以及对于决策结果的影响，将为董事会决策规律的发掘提供进一步的研究依据。

具体而言，首先，以往基于委托代理关系对于并购决策的研究中，大多基于 CEO 个人的自利动机以及过度自信的属性展开，而分析 CEO 面对绩效反馈的反应如何形成并购决策，为决策环境和决策框架作为约束条件如何塑造决策的有限理性行为过程和差异性提供了证据。其次，企业决策程序是个体决策与群体决策结合的过程，我们认为在决策提议形成的过程中更符合个体决策的反应过程，而其他决策程序更符合群体决策的讨论和支持形成过程，这些过程需要联合起来看待。并且，董事会尽管通过职能机制影响 CEO 决策提议，但这些职能对于决策提议的影响程度在企业间是异质存在的，而且还会由于绩效反馈的不同而发生改变。本书对于这些联立约束条件如何影响董事会对于并购决策的支持程度做了有益补充。综上，本书针对决策过程中的两个主体，在不同阶段内面对绩效反馈的反应，进一步发掘了面对绩效反馈——董事会和 CEO 层面形成并购决策的内在规律。

第四，基于董事会—CEO 分阶段反应如何影响并购决策为国内研究董事会与 CEO 并购决策的形成提供了社会心理学视角的证据，这将补充原有基于代理理论的经理人个人利益与高阶理论中对于并购决策归因为高管自恋及过度自信特质的内容。以往对于扩张性与高风险战略决策的研究多出于高管过度自信与自恋的个人特质，本书研究可能会证实，绩效反馈和决策主体的反应所形成的决策框架在塑造随后决策行为的重要作用，并且董事会决策过程是个体决策与群体决策的集合，个体决策的心理过程以及群体决策在董事会决策屋内的支持过程在共同影响决策方向。并购决策不仅受期望效用导向以及董事会职能框架的限制，还形成于决策环境内有限理性的行为反应。

二、研究意义

本书基于企业行为理论，以绩效反馈引起问题搜寻的角度分析企业并购决策的形成，同时结合企业董事会—CEO 作为决策主体分阶段反馈—反应的模式，将个体决策的行为过程与董事会群体决策的行为过程做阶段性解析，讨论董事会—CEO 在分阶段面对绩效反馈的反应行为过程对于并购决策的影响，这些讨论的结果可能存在如下研究价值：

（一）理论意义

通过企业行为理论在我国企业并购决策中的运用，拓展了企业行为理论的运用范围。企业行为理论认为，问题的出现会改变随后企业既定的目标，由此引起企业对于目标达到程度的思考，从而引发了决策搜寻，以期解决出现的问题。在我国当前经济增长宏观走势不断下滑的背景下，并购决策的不断增加为验证这一理论的运用提供了很好的契机。

对于企业决策主体结合决策阶段的细分，区分了不同决策主体面对绩效反馈—反应的结果对并购决策形成的不同影响，细化了企业行为理论中决策主体的研究内容。在有关企业行为理论已有的研究中，虽然决策主体的决策模式被定义为反馈—反应的行为过程，但对企业而言，决策面对绩效反馈的决策主体是董事会与 CEO 组成的多重决策主体，并且是分阶段进入的，这表明在不同的阶段反馈—反应的行为主体需要区别对待。在形成阶段，以 CEO 为主体的反馈—反应行为过程更符合个体决策面对绩效反馈的行为过程影响决策方向性的分析框架，在董事会决策屋内的形成阶段，更符合群体决策中董事会能力属性产生的职能效果影响决策提议的分析框架，本书对于这一决策主体和决策阶段的细分，提供了深入研究企业行为理论决策主体反馈—反应行为的机会。

基于CEO面对绩效反馈的反应过程，补充了国内研究中有关CEO作为代理人在面对绩效反馈时，基于有限理性下的行为过程对并购决策形成的研究成果，对于国内研究中基于CEO角度的并购动机研究是一种扩展。同时，将董事会面对绩效反应的行为过程作为群体决策中的行为过程区分对待，对于企业行为理论的研究是一种细化。

代理理论对于CEO决策权力的研究集中于将CEO作为个体决策者如何通过权力和对董事会结构的利用实现个人效用最大化（Finkelstein，1992；Daily & Johnson，1997；Joseph et al.，2014；Krause & Priem，2015），强调并购决策的上升以及过度投资等行为在于CEO个体权力的增加，为“经理帝国”的建立创造了有利条件。有关CEO角度研究并购决策形成的另一领域在于CEO的个体属性特征，如过度自信、自恋等特质对于决策的影响。而本书在综合考虑CEO面对绩效反馈之后，行为过程如何影响问题搜寻决策的形成，能够利用社会心理学的观点进一步解释CEO在形成并购决策提议时，究竟是通过怎样的路径发挥了作用，塑造了决策的方向性。例如，CEO个体在面对绩效反馈时所形成的损失厌恶、赌场盈利效应以及模仿效应，从而使行为理论中有关问题搜寻引起并购决策在如何从个体决策者中形成决策方向提供了一定依据。结合代理理论中已有董事会的分析框架，对于董事会面对绩效反馈的职能行为反应过程如何影响决策效果的探究，也为代理理论在企业行为理论中交叉应用做了一次有益尝试。这些研究将从更广泛的层面解开董事会—CEO在董事会决策屋内的决策过程与决策规律。

从高阶团队理论来看，将高阶团队理论中的高管团队特质融入委托代理理论的框架之中，能够更好地解释董事会对于CEO决策提议的影响。鉴于委托代理理论对于董事会职能的研究缺少能力属性的基础，因而无法深入分析董事会职能如何支持 CEO 的决策行为以及在多大程度上支持了 CEO 面对绩效反馈所做的努力，高阶梯队理论的纳入能够将董事会职能属性以及代理理论框架下决策行为逻辑相融合，共同解释董事会面对绩效反馈的行为过程对于并购决策的影响。

从资源依赖理论来看，并购决策的大量发生意味着企业边界的扩展，将使企业进入到更多不确定性的环境中，如要实现预定的企业战略目标，需要企业囤积更多的内部资源对抗对于环境资源供给的依赖性，这种逻辑线索将在绩效增长压力与董事会行为过程对于决策的影响过程中体现。以往的研究集中于环境与资源的变动对于董事会构成或董事会结构产生的影响（Hillman & Withers，2009），本书基于绩效反馈的董事会行为过程分析为资源依赖理论有关组织如何控制环境资源的内部路径形成过程提供了一定证据。

对于战略管理理论中的 RBV 理论而言，企业取得竞争优势的原因在于如何拥有异质性的、稀缺的、难以复制的竞争资源。依照这种理论逻辑，企业为追求竞争优势会努力寻求资源。但是国内现有研究并没有为这一逻辑框架提供实证方面的支持，本书的研究表明在面临绩效增长的压力问题时，企业的并购决策行为可能满足这一需求，这类战略与企业绩效增长压力之间的联系有可能被证实，企业追求绩效最大化所导致的并购战略是在满足实现资源聚集的目的，最终实现竞争优势的路径。

（二）实践意义

从实践角度看，本书的研究主要有三个方面的价值。

首先，企业绩效目标是企业战略管理实践的重要目标之一，在宏观经济增长趋势放缓的新常态情形下，企业所面临的绩效下降反馈问题究竟会为企业带来何种战略行为选择的影响并不清晰，本书的研究将为这一困惑提供证据。这种反馈—反应的决策思路以及符合有限理论的决策行为准则对于企业战略存在长期的影响，而同时，理解个体决策者面对环境可搜寻到的信息，以及财富来源类型、同行和可对比的决策参照所形成的对待风险的态度、行为过程，将为理解并购决策在面对给定信息和经济环境下形成那些规律和机制从决策者这一端提供更为清晰的框架分析。厘清企业董事会—CEO 作为决策者在面对绩效反馈时的行为过程与决策形成的方向性及其之间的联系，有助于企业客观认识决策者塑造决策方向和行为机制的内在规律。

其次，董事会—CEO 在决策过程中的分阶段进入，以及区分不同阶段的反应过程的研究，将为从有限理性角度以及社会心理过程理解董事会的决策过程提供更清晰的框架。在董事会决策的控制机制中，董事会职能的行使在于抑制 CEO 基于个体利益最大化的行为以及激励 CEO 为股东价值最大化而努力，但事实上有时候 CEO 并非遵照个人利益最大化的完全理性准则进行决策，而是有限理性准则下的决策行为。理解 CEO 建立在信息搜寻基础上的有限理性反应行为而非最优行为过程，并且，理解董事会面对这些信息和决策环境形成的有限理性行为，有助于更为准确地预测决策行为结果。

最后，董事会决策过程和决策有效性一直以来在实践中是令人困惑的问题。在表面看似职能齐备的董事会常常出现职能缺位的决策结果，如财务欺诈、违规等结果，而以董事会—CEO 所面临的决策环境和能力基础构建董事会决策形成的分析基础，能够为这一困扰实践的问题提供解释。董事会对于 CEO 基于绩效反馈的行为过程可能无法准确判断是否在满足个人利益最大化，因为行为过程的产生并非是由于决策方案的价值最大或是价值损毁的完全理性。并且，董事会在判断基础上的职能行为本身建立在董事会成员的能力属性上，也形成了有限理性的职能过程。因此如何提高董事会建设水平需要深入分析绩效反馈所形成的经济和决策信息环境，以及董事会对待 CEO 基于绩效反馈的反应过程所形成的规律和机制，以此更为科学地建设董事会控制机制。

第二章　文献回顾与研究述评

在过去的几十年中，全球对于并购的投资额增长速度被认为达到了前所未有的水平（Haleblian et al.，2009），与并购行为在企业中逐渐增加并行的是，对于并购的学术研究成果也在大幅度增加。以企业价值最大化为基本假设，有数量相当的研究在围绕价值的增加探讨了企业并购的动机，而早期的研究就已经注意到，不管是基于企业的短期价值的衡量，还是基于企业的长期价值的衡量（Agrawal et al.，1992；Loderer & Martin，1992），以增加企业价值为目的而形成的并购决策常常并未能增加企业的价值，甚至，并购决策行为被发现在损毁企业的价值（Datta et al.，1992；King et al.，2004；Moeller et al.，2003；Seth et al.，2002），并购给企业造成了波动极为剧烈的市场回报。企业并购动因的研究开始从单一的增加企业价值为目的转向更详细的并购动机，试图解释并购决策的价值增加与并购损毁价值的现象同时出现的原因。

本章内容为根据现有研究成果，梳理已有研究对于企业并购动机的分析，也对企业并购决策行为做一种界定，为后续章节提供相应的研究基础。

第一节　并购决策动因研究

一、并购的概念

企业并购，在已有国外文献中常常包括兼并（Merger）和收购（Acquisition）两种形式。

企业兼并（Merger），是指两家公司在相对平等的基础上，将相互的业务进行整合的一种战略（Hitt，2012）。通俗意义上讲，兼并或合并是指两个和两个以上公司组建为一个新公司，常见的现象在于占优势地位的公司吸收其他公司，形成新的企业。就理论而言，任何一项合并都可以通过使用现金或股权购买其他公司的资产来实现。通过使用货币资金来认购标的公司的股票或股份，以及对被收购公司股东发行股票，持有被收购公司的股权，最终得到标的公司的资产和负债都能够实现兼并的目的。企业兼并从法律范畴上讲，是指两个或两个以上的企业组建为一个企业组织，其中，有一个组织必须继续存在，其余的企业则丧失了独立的身份，合并后，职能保留合并方企业的名称和组织。

收购（Acquisition），指的是一家公司通过购买另一家公司的部分或者全部股权，将被收购公司的业务纳入其战略投资组合。通常被并购公司管理层将向与其对应的实施收购公司管理部门负责和汇报工作。大多数合并案例都是善意或者友好的交易，但是收购则有可能包括恶意的接管。接管（Takeover）是收购的一种，被收购的目标公司往往并非出于自愿与收购者达成交易协议，因此接管属于恶意收购的一种。

根据《上市公司收购管理办法》，我国对于企业合并的定义为：上市公司收购就是投资者通过股份转让活动或股份控制关系获得对一个上市公司的实际控制权的行为。投资者进行上市公司收购可以采用要约收购、协议收购和证券交易所的集中竞价交易等多种方式进行。允许依法可转让证券和其他合法支付手段作为上市公司收购的对价，解决上市公司收购中可能出现的现金不足问题。

兼并和收购的概念在实际的并购活动中往往难以做出明确的界定，因此常常统称为“并购”而加以研究。并购泛指企业在市场机制作用下以获得其他企业控制权为目的所发生的产权交易行为。

与并购概念相近的其他定义还有，企业重组，重组的概念在所有相关概念中范围最广，通常被解释为企业将1~2个企业的生产资源重新融合，在我国，并购与重组现象常常联合在一起出现，并未做严格区分。

综合上述概念，本书在进行理论分析时，并购包括了合并、收购、接管等概念，兼并行为包括吸收合并、新设合并以及为了参与资本运营或是取得其他上市公司的控制权而购买股票或股权的行为。该定义强调的是产权的运作形式，而不是一般形式上的生产经营管理行为，排除了结构上的重新安排。它符合中国上市公司的有关条款，和相关理论也并不冲突。本书的企业并购决策则包括了以上基本并购形式的决策行为。

二、基于价值增加的追求形成并购决策

企业追求并购行为的一个重要动因在于，并购决策能够满足价值增加的理性人预期，这一结果符合代理理论的股东价值最大化假设，以及战略竞争优势和稀缺资源基础的理论，从而成为解释并购决策动因的重要内容。

（一）追求市场力量

市场力量被认为是企业试图从顾客那里占有更多的价值。有关企业并购的研究，在早期大多基于金融与财务文献的领域，在扩展市场垄断力量的假说，也即在市场中拥有较少数量的企业，会增加企业层面价格的力量，由此他们检验了竞争对手的股价对于并购的反应。如果追求垄断带来的价格上涨目标成立，那么竞争对手的股价对于并购的反应应该是积极的

（Eckbo，1983；Stillman，1983）。尽管这种结果并购没有得到支持，也就是说，早期的研究并没有为追求市场力量作为并购决策的前置提供证据支持，但有些经济学家据此认为可能是反垄断法的政策作用。随后，Prager（1992）使用了同样的方法，对反垄断法实施之前的企业——铁路行业的公司进行了研究，结果发现，竞争对手的股价在宣布并购事件的一周内出现了大幅度上升。类似的研究还有对于美国 20 世纪 80 年代航空公司的研究分析，在控制了分组与时间效应之后，均发现了被合并后的企业航线服务价格上升确实受到了合并的影响（Kim & Singal，1993）。这被认为是支持了追求市场力量的并购动机假说。

（二）追求效率

为了实现价值创造中成本削减，经济学学者还假设了并购的动机在于对效率的追求。在效率追求动机假说下，Banerjee 和 Eckard（1998）认为，在美国资本市场中，由于经历了第一次并购浪潮，市场提高了并购方的绩效线。在对于近期一些行业的档案进行分析后，McGuckin 和 Nguyen（1995）发现长期生产效率在合并后得到提高，以及公共会计服务行业在合并后的效率也得到了改进（Banker et al.，2003）。这些证据也间接支持了效率追求的假说。

（三）追求资源分配实现规模经济

一些学者认为，横向并购是一种促进资源重置和能力转移，以此实现规模经济的方式。基于这种观点，Capron 等（1998）研究发现，横向并购常常会导致并购方和目标公司之间显著的资源重组（Resource Realignment）。King 等（2008）研究发现，并购方实现并购后，其股票的超额收益与并购方和标的公司资源互补显著的程度相关。与之类似，Karim 和 Mitchell（2000）研究发现，并购企业比那些非并购企业在资源重置方面展示了极大的差异性，具体而言，并购企业在资源配置方面，不但扩宽了现有领域的资源，而且还需要在新的领域中拓展资源，在资源的配置方式上显得更有深度。显而易见的是，并购方扩展其资源，容纳更多的实体进入新的行业，这表明管理者在利用并购进行创新。Uhlenbruck 等（2006）

沿用上述研究思路，基于资源基础观和学习理论，在对互联网行业进行分析后发现，那些线下公司常常通过并购获取稀有资源，进而导致收购方出现较高的回报效益。Puranam 和 Srikanth（2007）研究认为，处于并购的企业对于目标公司创新资源导向起到了杠杆推动的作用，不论是通过整合这些资源到并购企业，还是利用杠杆将被收购方作为一个独立的单位，都提升了创新能力。以上这些研究均与以前被证实的观点基本一致，并购所涉及的资源和市场位置都能够影响企业未来的产品市场绩效。

三、基于 CEO 个人行为形成并购决策

尽管大多数研究都基于这样一种假设，并购在最大化股东的价值，但有趣的是，有大量的研究在做一种相反的假设，那就是并购可能没有最大化股东的价值，而是在最大化高管自身的价值。也因此，有关并购动机的另一条主要线索开始寻找一些不能实现价值增加的并购动机。

基于 CEO 个人行为形成的并购动机认为，经理层即 CEO 是形成并购决策的主体，在这一假设下研究发现，并购并未能增加企业的价值，而且，对于企业价值有一定的损毁作用。本书分别梳理如下：

（一）CEO 理性人特征，追求个人利益行为对并购决策的影响

已有大量的财务和管理学者证实了高层团队的薪酬与其贪婪行为（Acquisitive Behavior）之间的联系。例如，有研究表明，在行业内薪酬较高的 CEO 常常会表现出较多的并购行为（Agrawal & Walkling，1994），而且，并购方的 CEO 和董事所持有的股票期权往往与并购活动正相关（Sanders ，2001；Deutsch et al. ，2007）。代理理论认为，薪酬契约应该起到减少管理者机会主义行为的作用，并将管理者和股东的利益一致化。然而大量的研究则表明，来自管理者内心自利动机的驱使，管理者追求薪酬上升的行为在快速上升。这一结论基本与以下关于薪酬和并购关系的研究一致：并购方的 CEO 在经过并购之后薪酬会大幅度提升，不管是通过并购绩效的股权支付（Harford & Li，2007），还是奖金（Grinstein & Hribar，2004），或者其他形式的薪酬支付（Bliss & Rosen，2001）。此外，经营规

模较大企业的 CEO 们常常拥有更多的自主权和权力，这能够增加他们的壕堑效应（Entrench）以及减少他们被解雇的风险（Gomez - Mejia & Wiseman，1997；Haleblian & Finkelstein，1993；Hambrick & Finkelstein，1987）。这表明，对于大企业的 CEO 来说，并购提高薪酬对于他们而言是更有吸引力的行为。但是，有时候一些治理能够减弱这种效果，Kroll 等（1997）研究发现，这种并购会增加与规模—薪酬的联系在管理层控制的企业表现得很明显，但是在股东控制的企业表现得却并不明显，因为股东控制的企业 CEO 薪酬与股东财富紧密相关。事实上有关高管薪酬与并购之间的关系基本都在支持这一结论，最新的研究发现，管理层的相对薪酬较低成为了其随后进行大量并购行为的一个诱因，当目标企业的管理层薪酬在行业中处于一个较低的位置水平时，这可能会激发其追求并购行为以获得更高的收益行为（Seo et al.，2015）

（二）高管个人特质对并购决策的影响

高阶团队理论的观点认为，人口统计学特征反映了高管对于信息筛选的特质，塑造着高管的认知行为，从而影响了高管的行为（Hambrick & Mason，1984）。大量的研究持有这种观点，管理层傲慢（Managerial Hubris）是产生并购决策的动机之一。这些研究常常和过度自信（Overconfidence）、自恋（Narcissisms）以及自我满足（Ego Gratification）相关联。

金融和财务领域的学者首先假设了 CEO 的傲慢（Hubris）能够成为并购行为的动机（Roll，1986），沿着这一假设，管理学领域的一些学者通过实证证实了 CEO 的傲慢会增加并购的溢价支付，并且因此降低并购绩效（Hayward & Hambrick，1997）。与之相近，Malmendier 和 Tate（2008）研究认为，CEO 的过度自信会使他们过于高估自己整合形成收益的能力，因此会向目标公司支付更高的并购价格，由此形成了并购中的价值损毁结果。通过对 2000 ~ 2006 年全球财富 500 强的企业研究发现，CEO 的过度自信与全球化的并购和扩张行为显著相关。CEO 的过度自信用来帮助解释了由 CEO 提供的职位数量、多元化与非多元化并购发生的频率以及现金融资并购方式。Cho 等（2016）的研究发现，更为杰出的 CEO 在面对绩效波动低于行业平均水平时，出于自己的声望和显著声誉，往往倾向于支付更高的并购溢价，且 CEO 的声誉和名望越高，溢价程度越高。

CEO 的过度自信（Overconfidence）在用来解释企业并购行为的发生时受到了越来越多的证据支持。Ferris 等（2013）使用全球财富 500 强的企业作为样本发现，在 2000 ~ 2006 年 500 强企业所发生的国际并购事件中，CEO 的过度自信与企业发生的国际化并购数量有显著的正向关系。由于普遍认为过度自信的 CEO 在高估他们将要通过并购为企业带来的价值，过度自信与非相关并购的联系明显，并且，他们不但高估并购方，也会高估企业自身，从而更愿意在并购融资中使用现金流并购。

此外，Yim（2013）研究发现，年轻的 CEO 发生的并购行为更多，相比之下，如果年龄增长 20 岁，收购行为平均下降了约 30%。因此，在 CEO 职业生涯的早期，更容易被并购带来的薪酬增加所激励。有研究显示，在经历并购之后，样本 CEO 的薪酬中位数上涨了 30 万美元，而且，这种上升一般不会逆转，可能是永久性的，因此，对于职业生涯更长的年轻 CEO 而言，这种永久性的薪酬上升显然激励作用更大。

在 CEO 所有特质中，CEO 的权力常常与 CEO 傲慢相关联，也在影响 CEO 的并购决策行为，权力较高的 CEO 更容易实施并购行为，这些观点在近年来逐渐被证实。Chikh 和 Filbien（2011）研究了法国 2000 ~ 2005 年发布过并购公告的企业，发现即使有时候市场对于并购公告的反应并不好，有些企业仍然会继续实施并购而不是及时终止。这一现象与 CEO 的权力类型密切相关，如果 CEO 是经验丰富的专家型权力拥有者，那么听命于市场的可能性会更高；但如果 CEO 是教育背景较好以及在社会地位链接中心，那么即使市场对于并购公告做出了负面反应，CEO 仍然会不顾市场和投资的回应继续并购行为。

四、董事会对并购决策形成的影响

在有关企业并购决策的动机研究中，董事会并不是直接引起企业并购决策的动因，这种情形缘于并购决策的提议在于 CEO，而非董事会。但这并不表明董事会对于并购决策的形成没有影响，事实上有关董事会对于并购决策的研究近年来得到了很多成果。董事会的职责不仅是监督者，还是建议者与咨询者。在资源依赖理论与高阶团队理论中，董事会对于决策影响行为更积极，有效的董事会能够为企业并购决策提供咨询（Johnson et al,1996；Rindova，1999；Westphal，1999），董事或外部董事是特殊知识的拥有者或专家，他们在这方面被认为是最好的咨询者（Carpenter & Westphal，2001；Hillman & Dalziel，2003）。外部董事可能会主动提交并购目标书而不仅仅是否定或接受来自管理层的议案，与管理层共享共同分担战略决策的制定责任（Forbes & Milliken，1999；Hillman & Dalziel，2003）。董事会能否做出更高水平的群体决策被认为取决于董事会中有多少关键性的知识资源，以及他们所发挥的作用，董事会所具备的这些属性和能力被认为会明显提高并购决策的质量（McDonald et al.，2008）。

董事会为确保 CEO 战略方向和股东价值增加相一致而向企业负责（Devers et al.，2008），股东希望董事会能够在 CEO 提议并购决策时质疑这些方案价值增加的潜力。从而在理性预期下，不论是股东价值还是 CEO 个人收益的目标导向，董事会作为公司治理机制对并购决策的形成都有重要影响。

（一）董事会监督对并购决策形成的影响

在代理理论有关董事会决策的分析框架中，董事会有效性在决策中的重要表现在于决策控制的有效性（Fama & Jensen，1983）。基于代理理论，董事会对并购决策形成存在影响的原因在于并购战略与 CEO 个人利益追求的目标和过度热情紧密相关，并购战略以及并购决策的一个重要动机就是 CEO 的个人目标，而董事会的职能之一在于控制管理层的个人利益行为。尽管如此，董事会（以独立董事为标志）对于并购决策结果的影响却是混合而不确定的，有些结果显示了正向的关系，另一些结果显示了负向的关系（Wright et al.，2002；Paul，2007）。

在将代理理论运用于并购决策的研究中，仍然有大量的支持者表明，他们在并购中找到了独立性以及独立董事通过决策控制影响决策结果的证据。这些结果大多支持独立性更强的董事会，如繁忙董事对并购决策有利。Field 等（2013）发现，繁忙董事会比不繁忙董事会陷入价值损毁的并购比率更高，作者以美国 1996 ~ 2008 年 1099 家获得创业投资支持的 IPO 上市公司为样本研究，结果显示繁忙董事会陷入价值损毁并购的比例高于非繁忙董事会样本 5.2 个百分点，且统计显著。这些证据表明，尽管繁忙董事是更好的咨询者，但当董事会的决策控制较弱时，并购决策往往会向价值损毁的结果发展。Benson 等（2015）在并购决策中分别对并购方和被并购方的繁忙董事以及繁忙的董事兼 CEO 与随后的并购行为进行了研究，结果显示，对于收购方而言，繁忙的董事兼 CEO 与较低的并购溢价明显相关，更为繁忙的董事会成员在并购交易中表现更敬业。

虽然从代理理论结论的发展中，有些证据表明了董事会监督职能的代表，如独立董事和外部董事以及声誉更高的外部董事对于并购结果有提升作用，但仍然缺乏强有力的证据表明董事会独立性与外部董事的监督作用一定对并购决策有积极的影响。在 Paul（2007）的研究中发现，独立性更强的董事会几乎很少与价值增加的并购行为相联系，相反，却与价值损毁的并购关联性很强，市场对于独立性很强的董事会在并购之后的反应往往并不高。

董事会对于决策控制影响的一个重要表现在于能够限制 CEO 的行为。CEO 决策行为的积极程度与 CEO 的自由权力范围紧密相关。研究发现，除了独立董事之外，董事长对于 CEO 的决策控制行为具有明显的作用，当前任 CEO 继续担任董事长对现任 CEO 进行监督时，在并购决策中表现出的行为结果在于，保留前任 CEO 为董事长的企业平均并购决策数量明显低于离职的样本（Quigley & Hambrick，2012）。除此之外，Shi 等（2017）的研究结果发现，CEO 在经历了其所在公司独立董事的死亡之后，明显抑制了其随后建立“经理帝国”的行为，也即减少了随后的并购决策行为，特别是减少了那些大规模的并购行为。Wang 等（2015）的研究发现，当董事会拥有更多行业内的专家型董事，企业多元化并购往往会收到更好的市场回报。这一研究认为行业内的专家型独立董事是更好的监督者，他们在多元化的并购中往往更能缓解信息不对称带来的估值偏高和并购溢价问题，而多元化并购是管理层追求个人利益的一种表现。这些研究为董事会能够控制并影响 CEO 并购决策提供了一定证据。

（二）董事会咨询对并购决策形成的影响

以代理理论为核心的研究强调外部董事在决策控制中对经理层决策偏差的抑制作用，但是在大量研究无法证明独立性更高的董事会具有更好的并购决策结果之后（Chatterjee et al.，2003；Bhagat & Black，2001），资源依赖理论为董事会在决策中的作用提供了额外的解释。外部董事不仅在决策中扮演监督者的角色，还同时扮演咨询者、建议者的角色，董事会成员会通过为企业提供咨询和建议以及资源影响企业的决策行为结果（McDonald et al.，2008）。资源依赖理论认为董事所具备的专家知识（Expertise Knowledge）和经验，有助于企业获得好的行为结果（Hillman et al.，2009）。

这一结论在企业并购决策中被广泛运用并得到了很多研究的支持。Kroll 等（2008）研究认为，在企业并购决策中，董事会是咨询者与建议者，尤其是当董事会拥有更多有经验的董事之后，他们不仅能够为监督提供更好的行为方案，还能够为高管在并购决策中提供更好的咨询和建议。McDonald 等（2008）从并购解决复杂问题的学习视角解释了为什么外部董事对于并购决策会产生积极的影响，研究认为外部董事了解和具备一些专有知识，这些知识在解决复杂问题时能够充分克服信息过量的难题，外部董事的经验使他们更擅长做类比运用，从而快速地做出决策方案。因此，当企业拥有了这样的外部董事之后，并购决策的经济后果出现较高的市场绩效。Faleye 等（2011）认为，最好的董事成员是兼任其他企业 CEO 的人员，由于具备运营企业的经验，其咨询作用最明显；作者的研究发现了兼任 CEO 的繁忙董事往往与并购决策的正向回报明显相关。Masulis 和 Mobbs（2011）的研究认为，当企业内部董事同时兼任企业以外的董事会职位时，往往能做出更好的市场绩效以及并购决策。

事实上，当研究将董事会成员作为好的咨询者和建议者时，强调经验反馈对于并购决策的帮助。Muehlfeld 等（2012）认为，组织从过去的并购经历，不论是成功还是失败中学习了充分的经验，这些经验影响了企业随后的并购决策。利用董事会咨询作用驱动并购决策的重要表现在于，连锁董事或者繁忙董事的作用。董事作为资源连接的主体，是企业战略实施的重要前兆，企业在并购之前，往往通过这些董事的任命作为信息获取的重要路径（Zhang，2016），连锁董事在收购形成中具备经验获取和信息获取的作用。Ishii 和 Xuan（2014）的研究表明，如果并购方和标的公司之间董事会成员存在社会关联，双方之间的社会连带充当了董事会成员和 CEO 职位的保护机制，在并购后双方大多保留了原来的职位。这一结果表明，在并购方和被并购方之间的董事会社会连带关系导致了低效率的并购决策发生，并未起到抑制经理层私人收益的治理作用。事实上我们发现，在研究董事会对于并购决策的影响时，现有研究越来越倾向于构建一种更为全面的分析框架，从早期的专注于某一特征转向先考察董事会的整体能力属性，依据董事会的能力属性构成分析对于决策过程的影响，从而构建董事会对于并购决策可能存在的影响方向。这些研究为董事会如何影响并购决策提供了很好的分析基础。

五、国内企业并购决策动因研究

国内有关企业并购动机研究的系统程度明显低于国外已有的研究。有研究认为，当前经济背景下，我国企业并购的大量出现可能缘于经济危机后股市价格的大幅度下降（余瑜和王建琼，2013），股市价格的下降使得大量的低于账面资产企业出现，从而引发了大规模并购的可能性，以 1998 ~2011年的时间窗口内包括主板、中小板和创业板的上市公司在内，这些样本支持了研究假设。刘笑萍等（2009）从产业周期理论解释了我国企业当前并购绩效波动的原因，研究证明了企业并购绩效的优劣不仅取决于并购类型，还与企业的产业周期相关。但这些制度逻辑以及并购浪潮理论并不能深入到微观企业层面解释并购形成的动因。在梳理了国内有关企业并购产生的实证研究之后我们发现，有关并购的动机解释基本可以分为四个领域，分别为企业特征，管理层自利动机与属性特征，政治关联以及董事会能力。

（一）企业特征对于并购决策的影响

顺应国外有关企业特征与并购之间关系的研究，国内有相当数量的研究成果也显示了企业的特征和并购决策之间的关系。这些基本特征包括了企业的战略特征、资产特征、盈利能力特征、股权特征等。李善明和周小春（2007）研究了相关并购和无关多元化并购企业的基本特征，研究发现，发生相关并购的企业和无关多元化并购的企业之间在公司绩效、企业规模以及持股比例之间存在显著的差异。方明月（2011）研究发现了企业资产专用性与企业融资能力和并购行为之间的关系，认为企业融资能力的强弱能够成为影响并购决策的一个有利因素，融资能力更强的一方往往成为并购决策中的收购方。林钟高等（2016）的研究发现，外部盈利能力越大，企业越不倾向于并购，但是当内部控制质量提高时，这种倾向开始扭转。

除此之外，鉴于我国企业独特的地域特征和国家层面的文化特征，企业的地域因素所造成的制度差异和套利空间也成为并购产生的一个重要动因。有研究认为，地区投资者保护程度越高，并购方实施并购之后从中获取的并购收益越大，并且，在目标公司与收购公司所在地区之间的差异越明显时，并购收益也会越明显（唐建新和陈冬，2010）。潘洪波和余明桂（2011）的研究发现，我国地方国企的异地并购概率显著低于民营企业，地方国企的异地并购会导致消极的市场反应，同时，并购之后的地方所得税税率和融资成本均会显著增加。这些研究结果表明，地方国企异地并购之后获得的支持显著减少，从而产生了负面的经济后果。组织对待风险本身的态度在影响并购决策的完成，如权力距离、不确定性规避和集体主义，这三种国家层面的风险态度维度总体都与并购溢价显著负相关、与并购完成概率显著正相关（温日光，2015）。

由于转型时期我国国有企业一股独大的特殊股权结构，国内研究在股权结构会影响企业并购决策形成的结论方面基本达成了一致。例如，邓建平等（2011）认为，我国上市公司发生关联并购重组的原因在于股份制改造，关联并购的财富创造效应明显弱于非关联并购重组。杨坚柔（2016）的研究区分了关联交易和非关联交易的并购重组，认为在非关联交易中，第一大股东的持股比例会显著促进企业并购的短期绩效，但会降低长期并购绩效。

（二）管理层自利动机与属性特征对于并购决策的影响

国内有关企业并购动机的行为研究几乎大多基于高管自利与过度自信的理论推理展开。这类研究多数持有的观点是，企业进行并购的动机在于高管想要提高自己的私人收益，并且，高管的过度自信是促使这种心理更为强烈的一种诱因。在利用 Logit 和负二项回归之后，施继坤等（2011）研究发现，2008～2011 年我国资本市场上频繁发起的并购行为主要是管理者对于个人私利的追求，即为了追求其个人利益与在职消费的需求。张洽和袁天荣（2013）研究得出的结论相似，也认为我国企业并购动机与并购行为的发生主要在于 CEO 个人对于私人收益（主要是货币与非货币的薪酬）的追求，并且，权力越大的 CEO，可能得到的私人收益越多，因此会进一步放大追逐私人收益引起的并购行为，包括并购的频率和规模。在我国上市公司企业薪酬激励机制中，近年来实施股权激励的比例逐渐增加，实施并购后的企业股价有很大可能会升高，因此并购成为股权收益提升管理者私人收益的可选路径之一，股权激励会引发国内企业的并购决策（姚晓林和刘淑莲，2015），2010～2014 年，我国企业并购事件样本中作者找到了证据。如果不确定性增加，那么管理者的风险偏好变得强烈，更加容易实施并购。在区分了长期并购绩效和短期并购绩效之后，李维安和陈刚（2015）的研究认为，高管持股与企业短期并购绩效之间并没有显著的关系，而与企业长期并购绩效之前存在非线性关系，并且稳健性低的企业高管持股对于并购绩效的影响更明显。而在区分了企业之后，由于国有企业高管晋升激励的特殊性，有研究发现，管理层薪酬激励引起企业并购对国有企业而言显得更为明显，国有控股公司在薪酬利益的驱动下更容易发生大规模的并购行为，进一步地，管理层权力在这一过程中的影响较为明显

（傅颀等，2014）。

与管理者追逐私利引发的并购联系密切的另一管理者动机在于管理者过度自信的个体特质。高管过度自信能否解释我国资本市场逐渐上升的并购行为是近年来国内并购动机集中讨论的问题。吴超鹏等（2008）使用 1997～2005 年我国上市公司发生的连续并购事件的研究发现，管理者会因为首次并购成功而过度自信，随后会因为过度自信而导致并购绩效下降，但是如果管理者学习能力较强，那么并购绩效将会逐渐升高，否则会逐次下降。处在转型经济以及资本市场发展初期的中国企业被研究者认为具有很强的扩张动机，而并购作为一种外部扩张的方式（另一种扩张方式被认为是内部扩张如投资），使具备过度自信特征的管理者很容易选择这种方式进行扩张（姜付秀等，2009），虽然 2002～2005 年的研究数据并未支持并购作为外部扩张的形式，而是发现这一时期管理者过度自信会显著导致企业的内部扩张，如过度投资，但却为后续的研究提供了一个继续深入的方向。李善民和陈文婷（2010）的研究认为，管理者过度自信与企业并购决策行为有显著的关系，内部资源丰富的企业更容易产生并购决策行为。管理者过度自信在国内众多研究中被认为可能出现并购价值损毁的经济后果，这些研究延续了国外并购动机中的管理层私利引发并购会造成股东利益受损的理论，并在国内的并购样本中找到了证据支持，普遍认为管理者过度自信引起并购的绩效在下降，二者之间有显著的负向关系（谢玲红等，2012；宋淑琴和代淑江，2015）。

在管理过度自信的属性中，高管的权力往往与之密切相关，更大的权力意味着更过度自信，这些结果往往引起并购并损害并购绩效。例如，初春虹等（2016）研究了四类高管权力对于并购绩效的影响，研究认为，高管组织权力会明显降低并购绩效，股权权力对于并购绩效也具有负向的影响，而声誉权力会促进企业的并购绩效，高管的专家权力对于并购绩效的影响并不明显。黄旭等（2013）的研究支持了企业高管背景特征对于并购行为的显著影响，高管团队的平均年龄越小，越倾向于采取并购行为，平均任期越短、团队规模越大，越倾向于主动并购。扈文秀等（2016）的研究结果补充认为高管之间的社会连接会降低并购合并之后的整体企业价值。

（三）政治关联对于并购决策的影响

有关我国企业并购决策产生的另一动机是政治关联，这被认为是我国企业特殊情景和经济背景下的一种并购动机。由于我国企业转型时期的特点以及国有计划经济的延续、制度的复杂性和不平衡性，企业并购行为有时候会受到政府与政治因素的主导。尤其是上市公司中国有企业的大量存在，企业行为被认为不可避免地受到政府资本的干预，作为企业重大战略行为的并购活动在所难免。政府干预并购是支持之手与掠夺之手共生（杨沁和扈文秀，2016）。因此，有学者研究发现，地方政府控制的企业由于政府掠夺之手作用的地域范围所限，越有可能进行本地并购，而中央政府控制的企业越有可能进行异地并购。地方政府控制的企业在其政府目标中是为满足扩大规模以及解决就业，从而进行无关多元化并购的行为结果明显，而中央政府控制的企业进行相关并购的行为结果明显（方军雄，2008）。

政治关联被国内研究一致认为是企业拥有的一项特殊资源，显著影响企业增加横向和纵向以及混合并购（杨艳等，2014），对于政治关联的进一步细分，如政治关联的广度（企业所拥有政治关联资源的总和）以及政治关联的深度（企业所拥有政治关联资源的职位高度），却在增强企业实施并购的能力，如政治关联深度促进了跨区并购（江若尘等，2013）。魏江等（2013）发现，本地政治关联能够帮助企业在本行业内实现区域以及跨区域并购；中央政治关联则有助于企业在本行业外实现区域和跨区域并购。要素市场发育越成熟，政治关联促进并购的作用越明显。王砚羽等（2014）的研究认为，在我国企业政治基因越强，并购中的控制倾向越明显，而这种基于政治基因的控制倾向对于并购绩效有明显的消极影响。王凤荣和高飞（2012）的研究发现，政府干预对处于不同生命周期的企业并购有明显的影响，政府干预下的企业并购绩效在生命周期上呈现显著的差异性，在2006~2008年的并购样本中，较高的政府干预对于成长企业的企业并购不利，而在成熟期，尤其是国有企业，政府干预对于并购绩效有积极的影响。

由于我国上市公司中的国有企业大量存在，政治关联甚至影响了 CEO 的晋升机制，从而政治晋升也在影响企业的并购决策行为，陈仕华等（2015）的研究以企业规模增长带来的压力与国内企业政治晋升为决策的形成机制，发现了在陷入规模增长困境的企业中，面临政治晋升压力更大的企业随后的并购决策越多，并购支付溢价越高，随后的并购决策市场回报越低。

政治关联促进企业并购行为在我国被多数研究所证实，但这种动机引起的企业并购扰乱了企业通过并购实现资源优化配置的规律，使经济规律出现错位，从而并购决策产生的绩效并不理想。几乎大多数国内的研究均认为政治关联促进的企业并购行为在损害企业的并购绩效（刘星和吴雪娇，2011；张雯等，2013；闫雪琴和孙晓杰，2016）。

（四）董事会能力对于并购决策的影响

国内有关并购动因的一个重要领域在于重视董事会对于并购产生的重要影响。对于董事会属性的发掘细化了并购动因的形成分析，这些研究聚焦于董事会资源提供能力的特征，尤其是董事会的连接性、网络性。例如，刘春等（2015）的研究考察了异地董事对于异地并购的作用，研究支持了收购方拥有来自被收购方的异地董事时，并购的效率会更高，特别是当被收购方地方保护主义更为严重时，异地董事的咨询效率显得更重要，对于并购效率提升的作用更为明显。韩洁等（2014）研究发现了关联董事在并购中的重要作用，结果显示与收购公司之间存在明显的关联连接董事的目标公司更有可能成为被并购的潜在目标，原因在于关联董事重要的信息传递作用，陈仕华等（2013）的研究支持了相似的结果。罗付岩（2016）的研究结果支持了有银行关联背景的董事提高了企业并购决策的概率。

董事会连接性的另一个重要表现在于董事会的网络位置。万良勇和郑小玲（2014）的研究发现，董事会在网络中的结构洞位置，即网络的中心位置越有利，随后的并购概率和并购次数越高，原因在于网络结构洞位置有助于企业获取并购信息与并购机会，这一规律在市场发育落后的地区更为明显。万良勇和胡璟（2014）的研究进一步认为，上市公司独立董事的网络中心度越高，越容易发生并购行为，这一现象表明了兼职董事带来的并购决策咨询能力更强。田高良等（2013）的研究认为，在并购方与被并购方之间的关联董事并非总是有利于并购绩效，并购双方之间的连锁董事关系会减弱双方的并购绩效，以及将二者作为整体的并购绩效，原因在于关联董事的存在减弱了并购支付价格的信息和公平。

在以上众多被认为能够引起并购决策的动机中，一个明显而关键的问题被认为仍然存在，就是在所有这些引发并购的动机中，哪一个作为前置，在什么样的情境下能够对于并购决策最有影响？有关并购决策形成不论是价值增加还是价值损毁，这些动机的逐渐发掘表明，并购决策的形成仍然需要从决策者和决策形成的情景以及行为过程中继续寻找规律。

第二节　企业行为理论与并购决策

即使在对于并购决策的动机研究中，探讨了如此众多的被认为能够引起并购决策的动机，一个明显而关键的问题仍然存在，就是所有这些引发并购的动机中，作为前置，在什么样的条件下，能够对于并购决策的产生最有影响（Haleblian et al.，2009）。也正因如此，在有关引发企业并购动机的条件中，最能满足解决当前企业面临的问题，有可能是引起企业并购的直接动机，对于并购决策产生的影响最为直接。这种问题搜寻的决策线索，是企业行为理论有关决策形成的核心理论之一，在解释企业面对绩效和环境变动的反馈情况时如何做出风险承担决策时具备一定的优势。

一、企业行为理论对决策的解释

企业行为理论是有关企业决策方式的理论（Cyert & March，2008）。

企业行为理论认为，在企业决策过程中，对于企业价值最大化的认知受限于完全信息认知不具备的条件。因此，由于企业需要信息搜寻成本，从而使得对于价值最大化的目标期望在实际决策中更接近于一种可以接受的期望水平，企业目标会随着经验的积累而变化。在企业中，个体参与者的许多特定需求是以可以达到的目标为形式，而不是通常的最大化限制。因此，目标会受到与期望水平相关的现象的支配。为此，企业行为理论中对于目标出现了如下命题：在情况稳定时，期望水平会超过实际成就，当成就以递增的速度增加时，期望水平会出现短期内落后于已有成就的现象，当成就减少时，期望水平就会超过成就。

企业行为理论在构建有关决策的分析框架时，包含一组基本的框架，这组框架由基本的变量范畴以及概念关系构成。在这些基本的变量范畴中，有三个代表性的变量范畴，分别为组织目标、预期与选择。

企业行为理论为组织目标确定了两组影响组织目标的变量。第一组变量被认为是影响目标的范围，在这组变量中，企业行为理论认为，一个特定决策的行动目标就是制定这一决策的子单位的目标。而且，问题将引起目标的改变。第二组会影响所有特定目标维度的期望水平。主要由三个变量形成，分别为组织过去的目标、组织过去的绩效以及具有可比性的组织过去的绩效，期望水平是这三个变量的某种加权函数。企业行为理论第二个关键的变量范畴为组织预期。组织预期是组织根据可获得的信息做出推论而得到的结果。就组织做出的推论而言，企业行为理论确定了一些简单的模式，用来识别变量以及愿望对于预期的影响。企业行为理论认为，企业中达到目标的程度以及组织松懈的数量是决定企业搜寻强度和成功与否的变量。激励企业从事搜寻活动的问题性质与搜寻活动发生的位置是影响企业搜寻方向的变量。企业行为理论的最后一个代表性的变量在于组织选择。企业行为理论认为，组织中出现的问题将影响组织进行决策选择。组织将运用标准运营规则，并且确定一个从组织目标的角度看起来可以接受的备选方案，因此，影响标准决策程序的变量在影响着组织决策的选择。

在企业行为理论的有关决策论述中，有四个主要的关系概念，分别为冲突的准解决、不确定性的规避、问题导向的搜寻以及组织的学习。其中，问题导向的搜寻在现有研究中被广泛认可。组织通过决策授权、目标授权以及专业化将复杂问题以及冲突转化为一些相对简单的问题。在企业行为理论中，有两个特性有利于决策的实现和冲突的缓解，首先在于可接受水平的决策，其次在于对目标的持续关注。

在企业决策过程中，企业行为理论对于后续研究贡献最优影响的内容被认为是对于决策行为的解释。企业行为理论认为，组织通过解决一系列问题而做出决策，组织在每个问题发生时就将其解决，随后等待另一个问题的出现。企业决策行为被认为是问题导向的搜寻行为，因为企业有时候采用的是可接受水平的目标，即组织决策是一种由问题引起的、旨在寻找解决该问题的方法的搜寻行为。企业行为理论对于问题导向组织搜寻有三个基本假设：

首先，搜寻是被促成的。几乎所有问题导向的搜寻都是由一个问题所激发并且因解决问题的方法而减弱。其次，搜寻行为是单一的，在一个单一的因果关系模型的基础上进行，直到被纳入一个更为复杂的模型。最后，搜寻是存在偏好的。

企业中的搜寻都是问题导向的，当组织无法实现一个或多个目标时，或者组织预期到这种失败将在不远的未来发生时，组织就认识到问题的存在了。如果组织没有解决问题的方法，就会继续其搜寻行为。要么发现一个满足目标的备选方案，要么通过将目标修改到使一个可获得的备选方案达到可接受的水平，问题才得以解决。组织通过搜寻形成解决问题的方案，如成本的节约；组织自身的扩张通常在寻找危机问题的方案时被使用，无法实现的利润目标、竞争者的创新等。

企业行为理论认为，搜寻规则反映了单一的因果关系概念。搜寻行为最初建立在两个单一规则的基础上，分别为：在问题症状附近进行搜寻以及在目前的备选方案附近进行搜寻。这两个规则反映了组织将在造成结果的方法附近寻找原因，在原有解决方法附近发现新的方法。

很多研究借鉴企业行为理论对于目标价值的解释，一个特定时期的组织目标由以下一些变量构成，如前一时期的组织目标、对于前一时期目标的组织经验、关于前一时期的目标维度的可比组织经验。企业行为理论为此将组织目标设定为一个简单的线性函数：$G_t = a_1G_{t-1} + a_2E_{t-1} + a_3C_{t-1}$。其中，$G$ 为组织目标，E 为组织经验，C 是可比组织经验的概况，而且 $a_1 + a_2 + a_3 = 1$。这一目标适应函数中的参数反映了组织的重要特征。例如，组织对于竞争者或者其他可比组织的绩效的敏感程度，面对经验时组织修正目标的速度，企业行为理论允许组织经验的影响依赖于其超过还是低于组织的目标。

企业行为理论的核心之一，即问题导向型的搜寻概念，与企业是否愿意承担风险性的决策有重要的关联，失败引起组织的搜寻行为，搜寻行为常常会得到问题解决的方案。正因如此，与相对成功的企业相比，相对不成功的企业将更有可能从事风险较高的战略。这意味着对于前一个问题的新的解决方案。

二、企业行为理论视角下并购决策的研究

企业行为理论中问题搜寻的决策视角，被认为是行为理论中有关企业决策产生的基石（Gavetti et al.，2012），近年来开始被运用于并购决策的研究中，作为问题搜寻引发的重要后续行为之一，逐渐受到关注。

由于企业行为理论认为，企业更容易在失败的时候发生问题搜寻行为。因此，在企业的历史绩效低于预期的情况下，由于企业的目标并没有被填满，将使企业管理者开始搜寻问题的方案，从而会将并购决策当作潜在的决策问题的方案。有关企业行为理论对于并购决策的研究基于这一理论推理展开。期望水平被认为是是否达到了决策者满意的那个最小的结果，如果未能达到，那么企业就会增加并购行为来解决这一问题。Iyer 和 Miller（2008）在使用了美国 1980～2000 年制造业近 20 年的并购样本分析后发现，当企业的绩效低于预期水平时，企业后续的并购行为显著增加，但是当企业绩效高于预期水平时，并购行为增加的趋势显著下降。而这种关系会受到企业松弛资源的限制，因为财务危机和资源的缺乏会抑制

并购行为的发生。这种观点基本得到了一致的认可，只有 Haleblian (2006) 的研究与这一观点不同，在使用了美国 1988～2001 年银行业的并购样本分析后发现，同样是基于绩效反馈的作用，企业以前的并购经验、近期发生并购的绩效以及这两种因素的交互作用都与企业并购行为显著正相关，据此认为，研究结论为企业是惯例（Routine）的集合提供了一定的理论支持。以上两种均基于企业行为理论绩效反馈的逻辑线索，却得出了相反的研究结论。因此，有关企业行为理论的后续研究认为绩效反馈引起的搜寻方向可能与绩效的不同方式相关。

正因如此，后续研究开始逐渐扩大这种绩效反馈的方式，将这种绩效反馈扩展到了增长反馈的领域。Kim 等（2011）使用了美国 1994～2005 年的数据研究发现，当企业经历了一个非常低的内部增长后，后续并购行为将显著增加，且如果企业以前的绩效增长过多而依赖于并购带来的增长，那么后续并购行为也会更多。不但如此，在企业经历了失望性的低增长之后，在企业后续的并购行为中，所支付的并购溢价也会大大增加。在沿用了企业行为理论中的学习过程之后，研究进一步认为，企业以往的并购经验能够缓解这一趋势，而且相比管理者个人的并购经验而言，外部咨询者即董事会成员的并购经验更能帮助企业减缓这种趋势。而同时，由于企业不同的风险规避方式和内部严格性与刚性，Greve（2011）认为，尽管绩效低于期望水平会增加并购与风险承担的可能性，但是这在大企业中的趋势会减缓，在小企业中的趋势会增加，因为大企业拥有更好的位置刚性，因此风险规避的倾向相对于小企业而言较弱。Kim 等（2015）的研究在已有的期望水平的基础上进一步区分了历史绩效期望水平和社会绩效期望水平两种期望类型，研究再次证实了企业的并购行为会依赖于历史绩效差距和社会绩效差距。

企业行为理论对于并购决策的研究沿用了期望差距引起问题搜寻的理论逻辑，并购决策被认为仅仅是期望差距引起问题搜寻的一种行为后果，在更多与并购相似的由期望差距引起问题搜寻的企业行为后果中，包括了战略变革、研发投入和扩张。

最先将企业行为理论通过实证运用于解释企业行为的学者被认为是Greve（1998）的有关企业绩效、差距与变革的研究。管理者对于企业绩效的解释和理解是通过对比历史期望和社会期望而发现问题，绩效的暂时性下落会使企业战略发生变化的可能性升高，这在美国广播行业的企业样本数据中找到了证据，有研究发现，不管是绩效低于历史期望还是低于行业期望，都会使广播形式变化或市场变化的概率升高。这一结论在我国企业中同样适用。例如，张远飞等（2013）的研究证实了在我国民营企业中，当企业财富与绩效积累达到期望水平之后，企业主动进行变革的水平下降，追求战略安稳的概率显著增高。反之，当企业业绩期望差距较大时，为解决困境和规避损失，实施战略调整的幅度会增加，家族企业由于规避风险和损失的意愿更强烈，战略变革调整的幅度会更明显，同时，外部CEO与其所拥有的资源在进一步推动这种趋势（连燕玲等，2014）。期望差距导致的企业风险调整与变化可能会随着比较的不同类型而发生变化，如Kacperczyk等（2015）的研究发现，在美国基金行业1980～2006年的公司样本中，虽然绩效反馈引起的决策者意识到要清理风险和做出变化的行为过程仍然存在，但是两种变化的结果已经对于反馈的比较类型产生了显著的区别。内部的比较会促使企业管理者做出清理风险的决策，因为内部的比较使得决策者个人会明显地感受到丢失工作的风险；而外部的比较会使决策者关注于组织，做出变化的决策而不关注于风险。

Greve（2003）在对企业研发投入的解释中引入企业行为理论的模型，并认为企业研究与发展支出逐年增加往往发生在绩效较低的时期，原因在于，低绩效引发问题搜寻行为，而高绩效与较多的资源会导致搜寻的松懈。作者在使用了美国造船业的数据分析之后，研究结论支持了这种理论。组织绩效低于期望会使其加快研发的密度，而组织松弛资源会减弱研发的投入程度。企业行为理论引发决策的问题搜寻常常在绩效低于期望时出现，被认为与情景理论有关财富水平与风险承担意愿的关系相似。企业在财富水平较低时会增加风险承担的决策行为，但有时候决策者也会在绩效低于期望时采取风险规避行为，这可能取决于管理者将绩效低于期望视为是一种可修复的缺口还是一种生存的威胁（Audia & Greve，2006），因此，企业自身的资源禀赋就成为影响期望差距下决策者做出风险性承担行为的重要基础，企业如果拥有巨大的资源，能够阻挡其绩效下降带来的经营失败风险，从而期望差距被认为是一种可以弥补的缺口，此时企业在绩效下降时的回应在于增加风险承担行为；反之则反，企业在绩效下降时，决策者由于资源匮乏将低于期望的差距视为生存威胁，会采取风险规避行为，如减少扩张行为。这种期望差距被认为在企业所追求的成长目标中同样存在，如果企业规模低于期望，那么规模被认为会减少企业绩效增长（Greve，2008）。

第三节　文献述评

一、并购决策动因研究述评

尽管在已有的并购决策研究中，研究者发现了众多能够引起并购决策的动机，在众多有关企业并购动机的研究中，我们仍然不清楚哪些动机是主要的，哪些是次要的，以及这些因素会不会同时发生或交织在一起发生，而且，在引起并购决策的动机方面，最基本的问题仍然需要进一步探究，也即并购是由利润动机引起的，还是由管理者自利引起的，或者是其他的原因？实证研究受制于设计条件，有些动机可能会在研究中被弃置或被孤立。既然如此之多的动机已经被逐渐发掘，在企业并购决策研究动机的领域，显然需要对这些动机进行更深层次的理解。

而一个需要深入研究的方向在于，在一些给定的信息反馈和经济环境所形成的决策条件下，哪一类动机最有可能是引起并购决策的首要动机（Haleblian et al.，2009）。不管是股东福利最大化的动机，还是管理者个人利益最大化的动机，对于企业并购动机的研究，需要注重条件与动机的结合。尽管这也可能会导致企业并购决策的权变因素分析，但我们并不认为权变因素的分析适用于任何一种极为明显的条件限制。在有些特定的条件下，可能某一种动机就有成为引起企业并购的首要原因。

研究者以代理理论为核心的股东与决策主体追求价值最大化的逻辑在解释并购决策产生的动机时遇到了困惑，如并购并不总是在增加企业价值（King et al.，2004），或者并购决策与企业价值增加无关（Tuch & O'Sullivan，2007），说明了在解释引起并购决策动机时，股东价值最大化这种绝对理性原则在决策中的试用也存在一定的局限性。除了管理者自利行为产生的价值损毁原因之外，另一潜在的原因在于，决策主体面对给定的信息和经济条件，形成了自己的决策框架和反应行为，如并购决策被认为有可能是满足了有限理性与可接受原则的一种决策行为。在企业行为理论中，这一过程被表述为并购决策是绩效低于期望时所形成的满足目标可接受水平的决策方案，也即满意原则（Gavetti et al.，2012）的行为规律，从而并未达到价值最优的选择。

以上两方面表明，在深入理解企业并购动机时，需要在给定的信息和经济条件下，理解决策者对于这些信息和条件会形成哪些内在的决策规律和行为规则，这会对决策塑造和形成起到关键作用。这一方向使得基于企业行为理论考察在当前我国企业面临经济下滑的特殊条件下，决策规律和规则充满了现实性，环境和给定条件使企业决策如何设计决策机制，将为当前企业并购决策的行为提供新的解释。

在回顾了以上并购动因的研究之后，我们认为，企业并购决策行为是一个动态的反馈—反应过程。尽管价值增加仍然是并购决策的直接形成原因，但是在并购决策完成后所形成的价值结果，不论是增加了价值还是减少了价值，这些未能达到预期目标的信息反馈仍然会作为新一轮的价值信息进入到管理层、董事会甚至是企业信息和企业环境中。企业从这一过程中实现了次优向最优的渐进过程，也形成了 CEO 在面对新的绩效时的并购决策框架，CEO 在这些框架内的反应和心理过程以及有限理性和可接受原则，风险态度将基于绩效反馈并与其一起组建并购决策的行为规律和互动规则，或者决策机制设计。这一缓慢的进化过程更符合企业行为理论的反馈—反应行为过程。因此，这些理论形成了本书基于企业行为理论和不同的决策主体继续研究企业并购决策的基础。

企业并购决策的形成是一个动态的过程，尽管在最初，企业并购决策可能是由于企业价值增加的理性决策方向所形成，但当完成并购之后价值并非如决策者预期那样，这些信息不仅需要重新解释非理性并购决策如何形成，同时，也会被作为反馈的信息共同进入新的并购决策主体的决策过程和决策框架中。企业在决策过程中具备学习效应，并购决策形成的研究开始逐渐向价值增加的研究动因转向分析决策者面临何种情景和信息，同时引起决策怎样的反应，从而形成了随后的并购决策。这些建立在并购决策者面对信息反馈及其所引起的行为过程如何塑造并购决策形成的研究方向，将是本书将要研究的方向。

二、基于企业行为理论的并购决策研究述评

企业行为理论所遵循的绩效反馈下问题搜寻引发决策方案在决策的运用可能为并购行为提供新的解释，如并购决策的发生以及并购决策中的价值增加与价值损毁的混合性结果。由于面向过程以及决策起点特征，基于企业行为理论在解释很多企业风险承担行为时由于结合了期望差距的条件所形成的决策信息环境作为给定条件来探讨决策规律而显得具有优势，尽管在国内外有关企业行为理论的研究中开始出现基于企业行为理论的问题搜寻对于并购决策的影响，但绩效低于期望从而引发搜寻决策方案作为企业行为理论的基石，逐渐运用于企业的行为解释中，如战略变革、研发支出以及并购。已有有关绩效低于期望引发问题搜寻的研究被认为仍然存在两个明显需要进一步解释的研究内容。

首先，绩效低于期望引发问题搜寻仅仅作为动机出现，并未勾勒出如何在这一过程中塑造决策的形成和选择方向，这一过程可能忽视了高管层对绩效反馈的反应所形成的决策过程。期望差距引起企业的问题搜寻的行

为推理虽然得到了很多支持，但是，期望差距会引起问题搜寻的决策方案并非完整的路径，因为即使存在了引起搜寻的可能性，决策的方向和结果也很模糊，并且在绩效反馈时存在明显差异，最近研究认为这种限制可能来自企业所拥有的资源类型（Kuusela et al.，2016），并找到了支持的证据。但企业决策行为是企业群体性决策的行为，管理层对于信息环境的反应和据此形成的决策规律以及对决策机制的设计在塑造决策形成过程中同样很重要。在由问题搜寻引起的决策行为过程中，由问题搜寻引起，通过董事会决策程序之后成为群体性决策的最终结果，一个可能的限制因素就是董事会与 CEO 对于绩效反馈的反应所构成的决策过程。因此，我们仍然需要深入到并购决策的过程中，探讨董事会—CEO 基于给定信息反馈的反应如何形成决策规律和决策机制，来探讨绩效反馈下并购决策的形成。

如果将问题搜寻引起的决策过程结合董事会决策程序视为一个完整的过程，显然问题搜寻引发的决策仅仅归属于董事会决策程序中的提议决策过程，结合董事会决策的四程序过程，董事会从企业行为理论的视角而言，将是通过四程序引起并解决问题搜寻过程的机制。也即 CEO 提议阶段仅仅是打开了问题搜寻的一角，需要结合董事会决策程序完整地探寻董事会是如何由问题搜寻直至决策方案正式实施的。因为有研究表明，问题搜寻后，在董事会中存在着原决策方案被放大或缩小的可能性，所以，结合董事会决策程序打开问题搜寻后的过程，可结合公司治理与代理理论中有关董事会的成果，进一步探讨董事会在解决问题搜寻决策方面的作用，对问题搜寻决策的已有线索做进一步延伸。

综合董事会与并购决策的研究不难发现，依靠董事会职能来看待董事会在决策中的作用，反映了董事会在限制和辅助决策方面的重要影响，也能够起到为决策提供信息资源的能力。有关董事会影响企业决策的关键问题在于，这些职能与专业信息资源究竟是如何在决策的行为过程中发挥作用，并与决策的行为结果建立起系统联系的。这在董事会并购决策中几乎很少有系统的讨论（Mcdonald et al.，2008）。正因如此，即使借助董事会监督职能与咨询职能对于决策行为在职能方面的影响，也并没有进入到系统的决策行为过程中，需要在董事会、CEO 决策过程中更为详细的从行为过程分析对于并购决策的影响。

其次，有关企业董事会对于并购决策的研究程度显然系统性不如 CEO，二者的研究并没有从并购决策的整体过程中结合起来。在企业并购决策中不能被忽视的主体在于董事会，尽管 CEO 作为并购决策的直接发起者而非董事，但是董事会被认为是将决策由个人决策转换为群体决策并保证决策结果使股东福利最大化的核心机制。企业行为理论对于并购决策的解释尽管能够在当前情境下补充企业并购动机的研究，但企业行为理论中问题搜寻作为引发企业行为的重要机制并未能顺延到董事会—CEO 的决策过程中来，董事会与高管如何在决策中回应绩效反馈的问题搜寻程序，是研究需要努力弥补的方向所在。

综上所述，有关企业并购决策的研究仍然需要在新的条件下具体而深入地开展，并且，即使是企业行为理论，也需要在高管层的决策过程层面继续打开绩效反馈—问题搜寻决策的内在决策机制。基于以上研究的梳理与基础，我们在给定信息反馈作为决策环境和决策条件下，直接进入到董事会—CEO 决策过程中，以董事会—CEO 对待绩效反馈的反应作为影响董事会决策过程的规律和决策机制，进一步分析在董事会—CEO 并购决策中除了给定职能以外的决策互动规律，为当前经济增长背景整体下行的趋势下，董事会—CEO 并购决策的动因以及在董事会决策过程中的行为规律，提供进一步的解读。

第三章 CEO 基于绩效反馈的反应对并购决策提议的影响

在当前企业绩效增长回落的情景下，并购决策的形成更符合问题搜寻的动因，但这仅仅引起问题搜寻的动机，并不能完全解释并购决策在高管中如何形成和在企业之间的差异性。企业行为结果源于高管层面战略领导的决策过程。为此，我们参照董事会—CEO 的决策形成框架打开决策提议形成的前置，运用企业行为理论中问题搜寻的反馈—反应机制来分析董事会决策屋内的决策形成过程，以期对本书的研究问题进行更为详细的解答。

本章，我们首先打开企业决策提议的前置，在 CEO 主导的并购决策提议形成过程中，面对绩效反馈容易形成损失厌恶、赌场盈利效应以及模仿性行为过程，通过这三种心理过程的理论分析以及研究设计的构建，在企业行为理论下，为 CEO 面对绩效反馈的反应如何塑造并购决策形成以及在企业之间的差异性提供了一定程度的解释。

本章重点讨论 CEO 基于绩效反馈的反应对并购决策的影响。包含理论分析与研究假设、研究设计与研究方法及实证结果与研究结论三个主要部分。根据已有研究基础，本章构建 CEO 基于绩效反应的损失厌恶、赌场盈利效应以及模仿效应三种行为过程来探讨它们对于并购决策形成的影响。

第一节　理论分析与研究假设

企业并购战略被认为是公司发展的重要动力，并购决策具备帮助企业获得战略竞争优势的潜力，因此，企业常常会使用并购战略来提高其为股东创造价值的能力。在有关企业战略管理的理论中，企业依靠某种战略方式实现战略竞争力的超额利润信息会回馈到组织内部之中，从而使企业重新修改战略决策方案，这一过程体现了组织在面对外部环境时不断地选择方案以解决问题的整体行为过程。

大多数实证研究都试图在强调，并购决策可能在遵循并购结果自身所具备的巨大价值这种因果性规则，如在有关战略管理的研究中，企业实施并购的首要原因是增强市场能力（Akdogu，2009；Kadapakkam & Krishnamurthy，2009）。市场竞争力通常来自企业的规模以及其所能够拥有的在市场上竞争的资源和能力（Haleblian et al.，2009），因此，大多数收购行为都是通过收购竞争对手，收购供应商、分销商或者与该产业高度相关的业务来达到获取更强的市场影响力的目的，从而使得实施收购的公司能够在原来的行业中进一步巩固获取竞争优势的核心竞争力，实现规模经济，发挥协同效应的效果。有研究表明，企业通过收购可以获得以前未能取得的能力，如技术能力等，通过收购公司可以拓展知识基础以及减少惯性（Rui & Yip，2008）。例如，大量企业选择跨国并购在于其需要通过跨国收购网罗各地优秀人才，这可以帮助公司提升自身实力（Zahra & Hayton，2008）。

做出并购决策的另一原因被认为是并购能够帮助企业越过市场壁垒。由于产品差异化在市场中的广泛存在，消费者对于其熟悉的品牌拥有的真诚度会给新进入公司带来难以克服的障碍。面对市场进入壁垒，新进入者会发现收购市场中已有公司已迅速进入，要比以挑战者身份进入市场显得更有效率，因为利用收购战略克服进入壁垒的一个重要优势在于收购公司可以直接接触市场，也因此大多数研究支持了行业的市场进入壁垒越高，新进入者越会采用并购战略进入该市场以克服进入壁垒（Meyer et al.，2009），这些理论用以支持跨国并购得到了很好的验证。

管理者做出并购决策的战略视角解释还包括为追求新产品开发成本的降低与进入市场速度的加快，从而起到节省交易成本的作用。有研究认为，企业通过自身力量在内部开发新产品并将其推向市场需要耗费大量的公司资源，包括时间成本，并且新产品通常在短期内无法为企业带来迅速的回报；对于管理层而言，准确地预测新产品开发所带来的回报率显得更为困难（MaKri et al.，2010）。而多数企业管理者关心的是如何从资本投入中获得丰厚的回报率，以便发展和商业化将来的产品。而研究结果显示，约有 88% 的新产品最终未能为企业带来收益，其中的原因是新产品推出之后会遭到竞争对手的仿造，而面对以上的高风险，并购成为推出新产品的一条捷径（Karim，2006），与企业自行开发相比，收购得到的新产品所带来的回报更具有可预测性，并且也可以更快地进入市场，企业可以在并购之前就对新产品市场前景进行评估。由于具备与企业自行开发相比较的以上优势，企业管理层经常将并购看作降低自身风险的举措（Wan & Yiu，2009；Ahuja & Katila，2001）。通过市场已有的企业来推出新产品相对容易，而依靠自身原有的力量开发不熟悉的新产品相对困难（Damanpour et al.，2009），因此并购成为在此时节约交易成本的一种选择。

在支持并购遵循某一战略管理理论，如最有效率地获取竞争优势这一准则时，基于并购最终并不理想的结果，很多研究承认了并购战略的风险性，在美国的有关并购调查的研究表明，只有约 20% 的并购可以被视为成功，60% 左右的并购并没有达到理想的结果，其余 20% 的并购几乎完全失败（Schmidt，2002），这些研究表明，并购目标的选择可能并不是完全遵循企业战略与市场环境的最优匹配，或者如何有效地在获取竞争优势资源的过程中实现效用最大化。

尽管在有关组织做出决策的解释中，描述理性、预期性与计算性的因果性准则在很长时间里占据了主流，决策选择的结果往往建立在决策方案的客观收益比较上，如支持并购强有力的理由在于协同效应、实现规模经济等。但是，在涉及企业决策者面对的风险决策时，这些建立在决策客观结果的理性准则在近年来开始逐渐受到挑战，其重要的原因是其目标选择不仅建立在期望效用理论基础上，还建立在决策者主观认知与风险态度基础之上，如近年来开始被逐渐注意到的管理者过度自信与傲慢（Hayward & Hambrick，1997；Malmendier & Tate，2008）。因此，适合于计算期望效用的那些描述性的、预期性的和计算性的因果性行动准则低估了另一种替代性决策逻辑的普遍性和明智性，这种替代逻辑是决策者自身的恰当性和规则。

恰当性的逻辑与因果性的逻辑不同，决策者并不是依据各种方案的期望效用来进行选择，而是会提出下列问题：现在是一个什么样的情形？我是一个什么样的人？像我这样的人处在这样的情形下做什么事情才是合适的？决策者所遵循的决策规则既非有意也不是作为结果而出现。这并不完全源于个人效用与个人利益最大化的行为，也不是源于对当前决策所产生的未来计算后的选择。恰当性与规则是构成企业决策行为过程的关键解释，而决策被认为是源于这样一种行为，针对不断变化的情形而相应调整不断变化的遗存规则。这反映了决策者的心理过程，从决策者面临的决策环境解释决策的行为过程，并影响决策最终的结果。

一、绩效反馈与企业管理层决策的形成

（一）绩效反馈下管理层决策形成

企业行为理论为组织决策搜寻与改变的决策起点如何形成，从恰当性原则与面向理性的决策过程构建了理论解释。在决策形成的起点中，有问题和松懈两个关键的刺激（Key Stimuli）。当前绩效的反馈引起了组织想要通过搜寻决策解决问题的动机。问题搜寻是一种确定出当前可选择性的其他行为以重新解决绩效下降的努力行为，即搜寻是由于问题而引起的，因此以解决问题为搜寻方向，而松懈搜寻则形成于组织有额外的资源可以做

试探性的行为。

在企业行为理论的视角中，组织通过绩效反馈形成启发决策采取行为，其中绩效与企业期望水平的相对差距是绩效反馈的核心内容，在期望水平和实际绩效之间的差距被称为成绩差距（Attainment Discrepancy），一个负的成绩差距——绩效低于期望水平——会使企业进行问题搜寻，以期弥补这一差距。作为对比，绩效高于期望水平的企业进行改变决策的可能性小。期望水平被决策者视为一个可以接受的最小水平的满意度。有限理性的决策者使用期望水平确定绩效成功或是失败的边界，期望水平形成于历史或社会的绩效标准，已有大量研究证实了期望水平是组织以前愿景和实际绩效反馈的函数。上述过程在企业行为理论中被表述为绩效反馈与问题搜寻的决策形成过程。由于并购会使企业的绩效与期望水平的位置发生逆转，因而成为了企业问题搜寻决策方案的潜在选择之一。

由于决策形成于高管层，问题搜寻机制在高管层如何塑造决策形成成为本书想要解开的问题。因此我们将重点分析董事会—CEO 作为高层管理者面对绩效反馈的反应对形成决策的影响。由于决策的分阶段性，在本章，我们将讨论在决策提议的形成阶段，CEO 作为决策阶段的主导者，面对绩效反馈时，个体决策的反应如何影响并购决策的形成。

（二）CEO 基于绩效反馈的反应与决策提议形成

CEO 职位的设置形成于欧美国家公司治理机制构建的标准。CEO 为董事会负责，并且是董事会成员，具备最终执行董事会决策以及企业经营决策的权力。CEO 负责公司重大经营决策的执行，如财务、经营方向、业务范围的增减等；参与董事会的决策，执行董事会的决议；主持公司的日常业务活动；对外签订合同或处理业务；任免公司的高层管理人员；定期向董事会报告业务情况，提交年度报告。

CEO 职位的设置在于加强企业决策权力与执行权力之间的连接性，将董事会的部分决策权让渡于经理人。在财富 500 强公司中，绝大部分企业都设有这一职位。在我国上市公司中，CEO 职位的设立与现代企业制度的完善相对应，将企业经营决策权让渡于有能力的精英，即为 CEO 职位。但

CEO 的职位形式有时又往往重复出现，如 CEO 兼任董事长或副董事长，或总经理。

在我国上市公司中，CEO 的认定可以分为三种情形：第一，董事长与总经理两职合一，则兼职高管即为 CEO。在 2015 年的上市公司全样本中，这种形式占比为 21%。第二，董事长不任执行董事，总经理即为 CEO。这一形式作为两职分离的表现，在样本中占比约为 34%。第三，董事长任执行董事，此时被认为董事长和总经理均具备 CEO 职能，但由于 CEO 的职位设置最初源于经理人的决策执行的便利性，因此，此时也认定经理人为 CEO，这种形式在样本中约占到 45%。

CEO 作为个体决策者的反应行为会影响企业层面的决策结果源于高阶团队理论的研究基础，尽管问题搜寻机制构建了决策形成在组织层面绩效与组织行为两种因素之间的关系，我们仍然需要使用高管决策者的心理与反应过程来形成本书的理论分析框架。后续的研究将建立在企业行为理论中绩效反馈，以期望差距为表现形式与企业随后并购决策行为的搜寻机制上（Greve，2003；Harris & Bromiley，2007；Mezias et al.，2002），并运用高阶团队的研究成果和前景理论进一步分析这一框架。

当我们聚焦于企业绩效高于或低于其历史期望水平、CEO 随后形成并购决策之间的关系时，我们引入了行为理论来解释决策过程，行为经济学与心理学的研究发现，个体决策者在决策过程中常常背离经济学中的理性人追求个人利益最大化的行为假设，行为理论并不注重说明这些行为的非理性与非理想性，而是在构建决策者心理与行为过程解释这些非理性行为出现的规律性。在这些理论中，行为理论最初的核心基础是，相对于绩效与其期望作为参照点相比较的差距，绝对绩效水平对于个体决策者的意义下降，前者在解释决策者后续行为是否想要达到或超过参照点所做的反应显然更有意义（Kahneman & Tversky，1979；Thaler & Johnson，1990）。

在面临绩效反馈时，企业决策的主体 CEO 及董事会的反应形成了决策过程，并且决定了企业的战略决策选择。高管建立和培养了企业决策的氛围和文化习惯，包括企业的绩效期望水平和决策的风险承担意愿。在面对绩效与随后的决策选择时，CEO 会将既有期望水平作为参照点，期望水平与绩效的不同差距使决策者处于不同的选择位置，这使 CEO 出现了不同的反应。参考国外有关研究（Mishina et al.，2010），本书聚焦于 CEO 面对绩效反馈的损失厌恶、赌场盈利效应及模仿效应三种反应过程，用以解释 CEO 面对绩效与期望差距反馈时如何形成并购决策的提议。

二、CEO 基于绩效反馈的损失厌恶对并购决策的影响

风险承担在决策选择中扮演着重要的角色。在已有有关风险的研究中，风险被视为效用函数所隐含的决策制定者或者组织的一个确定性的特性，这一传统将一些个体或组织被描述为风险规避型，另一些被描述为风险偏好型。对于风险承担的经验研究表明，尽管个体与组织之间存在风险承担意愿的差异，但是与决策环境因素相比，这些差异被认为仅仅解释了风险承担变化更小的部分。

损失厌恶形成于前景理论（Prospect Theory）的研究成果（Kahneman & Tversky，1979），个体决策框架的形成源于他们对于选择方案形成效应的评估，选择的结果取决于结果与预期的差距而非结果本身。因此个体或者组织的期望水平与实际水平之间的差距在影响着决策者的风险承担意愿，只要风险承担者距离其目标较近而没有达到目标，他们就可能是风险偏好型的，当他们达到目标时，他们就可能是风险规避型的。接下来的理论分析分为两个部分，展示 CEO 基于绩效反馈是如何形成对于风险的感知，以及损失厌恶如何影响 CEO 建立在评估基础上做出决策的。

（一）CEO 基于盈利与损失对风险的代表性（Representation）感知和评估（Valuation）过程

在实验室以外应用前景理论是大多数研究者的挑战，在前景理论的决策形成中，包含代表性和评估两个明显的步骤（Barberis et al.，2016）。第一步，投资者或决策者评估风险时，会在心目中感知风险的代表性特征（He Forms a Mental Representation of That Risk），前景理论预期投资者的效用基于盈利与损失，因而心理上会产生承担风险所带来的收益和损失的代表性感

知；第二步，投资者或决策者对这一感知做出评估并进行决策。

对于研究者而言，第二步评估是较为直接的，Tversky 和 Kahneman（1992）为评估盈利和损失分布的价值提供了直接的公式。主要的困难在于：代表性感知。在实验室环境中，这个答案很明确，实验者需要在一个风险的代表性环境下做出决策测试即可（李建标和李朝阳，2013），这时，决策者对于风险的感知代表性常常通过如表3－1的方式测量。

表3－1　决策者风险代表性感知测量

决策情景	A	B	你的选择
1	50%的概率获得20元，50%的概率得到0	100%的概率得到5元	A　B
2	50%的概率获得20元，50%的概率得到0	100%的概率得到6元	A　B
3	50%的概率获得20元，50%的概率得到0	100%的概率得到7元	A　B
4	50%的概率获得20元，50%的概率得到0	100%的概率得到8元	A　B
5	50%的概率获得20元，50%的概率得到0	100%的概率得到9元	A　B
6	50%的概率获得20元，50%的概率得到0	100%的概率得到10元	A　B
7	50%的概率获得20元，50%的概率得到0	100%的概率得到11元	A　B
8	50%的概率获得20元，50%的概率得到0	100%的概率得到12元	A　B
9	50%的概率获得20元，50%的概率得到0	100%的概率得到13元	A　B
10	50%的概率获得20元，50%的概率得到0	100%的概率得到14元	A　B

资料来源：根据李建标和李朝阳（2013）风险厌恶实验整理。

通过表3－1的实验结果，根据如下公式可以描述出个体决策者的风险代表性感知：

$$\begin{cases} EU_{i,A} > EU_{i,B} \\ EU_{i-1,A} < EU_{i-1,B} \end{cases} \tag{3-1}$$

式中，i 为被试决策者在选项中从第几选项开始由 A 转到 B，$EU_{i,A}$ 为被试决策者选择 A 选项获得的期望效用，$EU_{i,B}$ 为被试决策者选择 B 选项获得的期望效用。式（3－1）和式（3－2）联合可以得到风险的代表性感知区间。

$$U(v)=\begin{cases}\dfrac{v^{1-r}}{1-r} & r\neq 1\\ \ln v & r=1\end{cases} \tag{3-2}$$

式中，r 为风险厌恶程度的表述，即对风险的代表性感知。

但在实验室之外，答案就不清楚了，决策者怎么感知决策风险代表性，这一研究常常建立在对于过去信息和收益的分布来充当代表性上（Barberis et al，2016），或者通过模型演示来表述这一过程。本书参考了 Barberis 等（2016）以及 Barberis 等（2001）的分析方法，试图通过简单的模型来描述这一过程。

对于 CEO 而言，假设当前持有并购资产的价值为 X_t，表示在 t 时刻的价值，X_{t+1}表示在 $t+1$ 时刻的价值，将参照点设置为当前时间的价值，表述为 S_t，因此，持有并购资产的收益或损失简要地可以表示为 $R_{t+1}=SX_{t+1}-SX_t$。如果考虑 CEO 在当前位置下以前收益或损失的情况，表述为 Z_t，那么 CEO 进行并购的损失或收益效用可以表述为 V（R_{t+1}，S_t，z_t），定义 z_t 为 Z_t/S_t。

我们考虑到三种情形：$z_t=1$，作为理想状态，CEO 做出并购决策时处于既不盈利也不损失的位置；$z_t<1$，以前是盈利的；$z_t>1$，以前是损失的。

根据 Tversky 和 Kahneman（1992）对于决策者盈利或损失效用的表述，当 $Z_t=1$ 时，决策者的效用表述如下：

$$V(R_{t+1},\ 1)=\begin{cases}R_{t+1} & R_{t+1}\geqslant 0\\ \lambda R_{t+1} & R_{t+1}<0\end{cases} \tag{3-3}$$

式中，根据前景理论函数，$\lambda>1$。上述结果为前景理论下不考虑决策者处于收益位置或者是损失位置的决策结果感知表述，可知损失的效用明显大于收益。

考虑到当 $z_t<1$，以前是盈利的，决策者处于收益位置时，决策者的效用感知过程会变得稍微复杂。为了展示这一过程，我们使用一个简单的例子。持有并购资产时 t 时刻的价值假设为 100 美元，当 $t+1$ 时刻时价值为

80 美元，假设决策者以前通过经营获得的财富积累水平为 90 美元，如果不考虑以前的收益水平，决策者的效用可以简单地计算为（80 - 100）λ，假设 $\lambda = 2$，可以计算出效用为 - 40。如果考虑 90 美元的以前财富积累水平，此时，损失 20 美元的感知过程将被明显分为两个阶段。

第一阶段为 100 美元至 90 美元的下降过程，参照损失厌恶函数，此时的效用计算为（90 - 100）λ_1；第二阶段为 90 美元至 80 美元的下降过程，此时的效用计算为（90 - 100）λ_2。事实上我们并不认为两个阶段的 λ 是相同的，因为根据前景理论，当所有的前期收益都被耗尽之后，痛苦的系数可能会更高，因此，简单的赋值方式（Barberis et al.，2001）在于第二阶段的 λ_2 为第一阶段的 λ_2 的 2 倍。可以计算出此时的感知表述值为 $(90 - 100)(1) + (80 - 90)(2) = -30$。

因此，在盈利位置时，决策者的损失结果感知明显受到以前收益的影响，损失的痛苦被缓解，可以表述为如下：

$$v(R_{t+1},\ S_t,\ z_t) = \begin{cases} R_{t+1} - S_t,\ R_{t+1} \geqslant Z_t \\ S_t(z_t - 1) + \lambda S_t(R_{t+1} - Z_t),\ R_{t+1} < Z_t \end{cases} \tag{3-4}$$

考虑到当 $z_t > 1$，以前是损失的，决策者处于损失位置时，决策者的效用感知，根据前景理论，可以使用如下函数形式表示：

$$v(R_{t+1},\ S_t,\ z_t) = \begin{cases} R_{t+1},\ R_{t+1} \geqslant 0 \\ \lambda(z_t)R_{t+1},\ R_{t+1} < 0 \end{cases} \tag{3-5}$$

式中，$\lambda(z_t)$ 显然要大于 λ，$\lambda(z_t)$ 由于是以前损失的函数，因此可以简单地设置为如下形式：

$$\lambda(z_t) = \lambda + k(z_t - 1) \tag{3-6}$$

仍然使用简单的例子说明损失位置下的效用感知，假设持有当前并购资产为 100 美元，而同时期的历史价值为 110 美元，显然目前决策者处于损失 10 美元的位置。如果下一年度持有并购资产下降为 90 美元，定义 $z_t = 1.1$，$\lambda = 2$，$k = 3$，可以将决策者此时的效用感知描述为 $(90 - 100) \times (2 + 3(0.1)) = -23$。可以发现，在损失位置的损失效用尽管在增加，却并不强烈，从而产生了继续冒险的基础。

因此可以看出，在实验室外，CEO 可能建立在以前年度行业或企业相似的并购价值信息基础之上，对于并购产生的损失和收益效用有心理感知的过程，并进行决策。而其中的区别在于，在损失位置时，决策者的参照在于如何收益；而在收益位置时，决策者的参照在于如何避免损失。

（二）绩效反馈形成的位置与 CEO 随后的并购决策

有关企业行为理论的研究认为，CEO 作为企业的个体决策者，倾向于将企业已有的绩效与期望水平做参照，个体决策者期望水平与实际水平之间的差距决定了 CEO 作为决策者究竟位于什么位置。由于个体对于损失的敏感性高于对收益的敏感性，如果位于损失位置，即个体决策者的实际绩效低于期望水平，那么个体决策者更倾向于承担风险，即愿意承担风险决策以摆脱损失位置；而如果位于收益位置，即个体决策者的实际绩效高于期望水平，那么更倾向于追求财富的安全性而避免风险承担决策。

在企业历史期望水平与当前绩效的比较中，如果当前绩效低于期望水平，即 CEO 面对实际绩效并未达到期望，企业实际的财富对比参照点形成了损失，就形成了个体决策者的损失位置。根据行为理论的研究结论，个体决策者在处于损失位置时，承担风险性决策的意愿增加以求扭转损失位置，此时更关注收益。例如，个体面临的情况为 100% 损失方案，并购决策方案有 20% 的可能性会带来损失位置的逆转，尽管有 80% 的可能性是损失会多一些，个体反而会选择风险更高的并购战略以期摆脱损失。再如，在赌场上一回合输钱的人在下一回合加大赌注的可能性会更高。因此，就理论而言，当 CEO 面临当前绩效低于期望水平的差距越大时，做出风险性决策如并购的可能性会越高。

相对于并购背景而言，当企业绩效低于期望水平，进入问题搜寻的企业处于损失位置，更愿意进行风险性的变革决策（Wiseman & Bromiley, 1996），绩效低于期望水平被视为组织选择变革型以及风险型决策的驱动要素，因此它鼓励了组织选择其他类似的风险型决策行为，如并购，而当组织绩效逐渐上升，趋近于期望水平时，组织做出变革型决策的概率在降低。已有大量研究表明了以前的高水平绩效与企业坚持当前战略决策之间存在很强的线性关系（Miller & Chen，1994）；而较低水平的绩效会明显促进变革与风险性的决策，如多元化战略（McDonald & Westphal，2003）、变化产品形式（Greve，1998）。在企业经历实际绩效低于期望水平之后，企业的绩效目标并未能得到满足，两者之间的缺口将导致CEO将并购决策视为解决问题的一种选择，企业需要寻求更好的商业机会，增加投资组合决策中的多元性，从而提高了并购决策发生的概率性（Iyer & Miller，2008）。

尽管损失位置导致了风险决策的产生，实际上由于信息搜寻成本的存在，绩效低于历史期望水平的差距与企业并购决策之间的关系可能是负向的。在企业行为理论中，Cyert和March（2008）等认为，由于信息搜寻成本的存在，组织总是在问题的附近搜寻方案，事实上对于组织决策方案而言，与预期目标偏离越远反映出组织需要解决的问题越棘手，从而加大了搜寻成本，延缓了组织形成决策方案的速度。Zajac（1990）研究发现，在面对较差的绩效时，选择较好的外部CEO扭转企业当前绩效的压力过高，成本也增大。因此，同为绩效低于期望的损失位置，在偏离期望水平越近的位置，寻找解决方案的搜寻成本可能越小，并且，通过风险性决策方案逆转损失位置的可能性也会越高，从而使得组织做出并购决策方案的概率升高。相反，在远离绩效期望水平时，即使是损失厌恶，由于搜寻成本和逆转可能性的存在，组织做出并购决策的可能性却在降低。

支持损失厌恶中绩效与期望负向差距和并购决策之间的负向关系的另一个原因在于组织绩效的稳定性。Karaevli和Zajac（2013）认为，即使较弱的绩效存在风险性决策如变革的可能性，但是变革决策仍然依赖于已有的财务资源支持，在面对绩效较弱的企业形成风险决策需要时，这些企业中财务资源较好的样本仍然能够为风险性决策提供更好的支持。因此他们认为，绩效较差的企业仅仅只是形成了风险性决策如变革的强制需求，但是这些低绩效中财务资源较好的企业对于随后变革决策的支持却更为明显。显然，如果将这一研究结果运用于本章内容则表明，在损失位置，绩效与期望的负向差距和随后的并购决策将呈现负相关关系，即绩效低于期望水平且差距较小的企业，CEO 反而更容易发起随后的并购决策。基于此，本书提出如下研究假设：

H1a：绩效低于历史期望的负向差距越小，企业随后进行的并购决策行为会越多。

而在收益位置，即位于 Gain Position，虽然个体决策者成为风险规避者，会减少继续做出风险决策的选择，此时 CEO 更关注如何避免损失。就理论而言，个体决策者在损失位置与收益位置时对于决策的评估和个人财富的参照点出现了明显区别，愿意承担风险的意愿不同，即使是减少同等水平的绩效与期望水平差距，随后的决策也会出现差距，但这并不表明在收益位置时，面对绩效与期望之间的正向差距减少时个体不会做出风险性决策，由于财务水平的变化，CEO 的关注参照点在发生变化。我们认为在收益位置时，面对绩效与期望正向落差的减少，企业会做出并购决策的理由有如下三种：

首先，研究表明，即使是绩效很好的企业，在面对较高的期望压力时也常常会冒险甚至于违规（Mishina et al.，2010）。企业期望水平往往建立在以前绩效的反馈上，在接受收益反馈之后，将其作为参照点上升得会非常快，并且，往往存在乐观的估计偏差（Lant，1992）。随着这些期望水平的提升，个体决策者往往不愿意放弃已有的期望水平，因此面对既有的高水平期望，由于维持或达到这些高水平的战略目标，需要做出更高水平的竞争性决策或风险性决策，越优秀的企业或个体越会陷入拼命维持高水平的境地，即“红皇后效应”（Red Queen Effect）（Derfus et al.，2008）。同样，由于风险厌恶的存在，对于收益位置的决策者而言，当绩效高于期望水平的程度不断降低时，管理者开始出现维持高水平的动机，为维持当前水平的企业需要变得越来越好才行，这种压力促使个体决策者寻找和承担风险决策的可能性增加。

其次，决策个体对于高方差备选方案的偏好并非固定不变，而是随着自身财富水平的变化而变化。即使处于收益位置，当实际绩效高于期望水平的差距在逐步减小时，个体自身的财富水平在逐渐降低，收益的位置也逐渐转向损失位置。当实际绩效与期望水平的正向落差逐渐缩小时，个体决策追求安全性的风险规避倾向在降低，开始关注如何获得收益而非避免损失，从而做出风险性决策的概率在升高。

最后，在企业行为理论的研究中，超过期望水平的区域被认为是组织松懈的区域。组织松懈会导致个体或组织放松控制，降低对于失败的恐惧，因此，CEO 作为个体决策者更可能会从事创新或风险性活动（Cyert & March，2008），虽然作为试探性出现，但是这也导致组织有意愿增加更高水平的风险活动，如并购。在有关企业处于收益位置时的风险性决策中，张远飞等（2013）研究发现，即使企业处于富有状态，CEO 仍然会主动承担风险性决策行为。综合上述分析，尽管损失位置与收益位置有区别，但是也有可能做出并购决策，并且这一行为过程与损失位置的过程不同。基于此，本书提出如下研究假设：

H1b：绩效高于历史期望的正向差距越小，企业随后进行的并购决策行为会越多。

三、CEO 基于绩效反馈的赌场盈利效应对并购决策的影响

企业面临绩效反馈时形成参照点和决策框架，影响其决策选择的心理过程是赌场盈利效应（Mishina et al.，2010）。收益与损失基于前景理论的价值函数，Thaler 和 Johnson（1990）研究认为，个体决策者以前的收益与损失都可能影响个体决策者的风险承担水平，在以前风险性决策中的高收益可能会导致随后出现更高水平的风险搜寻决策，这种行为过程被称为赌场盈利效应（House Money Effect），持有决策收益的个体决策者在风险性决策过程中认为自己在使用赌场中赢得的钱，而非自己所拥有的资本。

持有决策损失的个体决策者，除了风险厌恶之外，除非出现了在赌场中需要停下来或者不能继续的机会，否则都会继续风险决策的寻求行为以求扭转损失位置。对于 CEO 而言，如果企业在资本市场中经历了较高的收益，随后可能会继续风险承担决策，因为对于个体决策者而言，目前使用的更像是赌场赢得的钱。在赌场盈利效应假说中，风险中立的个体决策者

在经历收益之后，随后的决策可能会转变为风险寻求，因为在经历收益之后损失的痛苦会减轻（Barberis & Thaler，2003）。

已有关于企业决策者赌场盈利效应的过程研究中，将企业在股票市场中的回报作为重要的风险承担决策参照点（Kumar et al.，2015）。原因在于股票市场的反应往往能够刺激企业管理层极大的注意力，尤其是在涉及企业并购业务时。企业并购在资本市场内完成，因此资本市场的反应在很大程度上会影响企业是否在资本市场中继续做出并购决策。例如，Luo（2005）研究发现，在企业宣布并购公告之后，资本市场的负向反应与随后企业取消并购调查和随后的并购计划具有很强的相关性。管理者对于资本市场的反应是如此关注，以至于并购决策的做出在很大程度上依赖于资本市场的反应。

赌场盈利效应致力于解释决策者在经历风险决策得到收益之后，将由风险中立转变为风险寻求的态度。这一解释的核心在于，风险寻求发生在获得收益的快乐过程之后，此时损失被看作是获得收益，尤其是赌场中获得收益的减少，而不是个体决策者自身的资本。当企业在前一期资本市场中获取较高的股票收益时，CEO 很有可能在随后的决策中增加并购决策，原因是前一期的资本市场收益为随后可能出现的损失提供了巨大的缓冲资源，企业似乎更愿意在前期绩效更好时做出风险性变革决策（Karaevli & Zajac，2013；Lungeanu et al.，2015）。并且，资本市场的股票收益更像是企业在资本市场中的风险决策所赢得的钱而非企业的自有资本。而股东和潜在投资者在经历一个资本市场正向收益的时期之后，对于企业管理者随后决策错误的包容性增加。事实上在最近的战略管理领域研究中，绩效反馈所引起的决策搜寻行为方向性取决于企业所拥有的资源类型（Kuusela et al.,2016），财务松弛度代表了企业拥有的额外资源，调节了绩效反馈时 CEO 所做出的变革型决策，而拥有更多的外向型资源如资本市场的收益企业更可能在绩效反馈落差时引起搜寻决策时增加风险性决策行为，例如并购。

综上所述，当企业在前一期资本市场中获取了较多的超额收益，CEO

受到兴奋与刺激的心理过程以及超额收益来源于资本市场而非自身资产，会增加 CEO 在随后做出并购决策行为的概率，我们认为这会正向调节绩效反馈下并购决策的形成趋势。基于此，本书提出如下研究假设：

H2a：在期望与绩效负向落差越小时，CEO 随后增加并购决策的可能性会在企业前一期取得较高股票市场超额收益时变得更大。

H2b：在期望与绩效正向落差越小时，CEO 随后增加并购决策的可能性会在企业前一期取得较高股票市场超额收益时变得更大。

四、CEO 基于绩效反馈的模仿性对并购决策的影响

在 CEO 作为个体决策者面对绩效反馈的落差时，影响其决策选择的心理过程还有决策者所面临的可模仿密度。尽管基于前景理论以及赌场盈利效应假说通过大量的实验发现了个体决策者的心理规律性，如决策框架，面对参照点形成损失位置和收益位置、评估决策效应并做出承担风险的决策意愿，以及经历过收益之后会影响个体决策者的风险态度。但是这些研究与实验针对个体决策者时大多是单个独立进行的，而在以群体形式进行时，无法控制群体行为的相互影响。相较于个体决策者实验的可控性而言，企业并购行为在市场上是更能被直接观测到的行为结果，可以直接成为其他决策者的参考对象，因此具有不可控性。个体决策者不可避免地会受到其他企业相似行为结果的影响，从而出现了模仿效应。

模仿性的提出主要源于新制度理论（Dimaggio & Powell，1983）解释组织行为与形式的同构性。新制度理论认为，不确定性是鼓励模仿性的一种强劲力量。当组织面临的技术难以理解、决策目标较为模糊，以及环境创造出象征性的不确定性时，组织决策者就可能模仿其他组织的行为。CEO 作为个体决策者在面对绩效反馈的正向落差或负向落差时，支持行业内可模仿密度会影响 CEO 进行并购决策的理由有三种，分别是：模仿性的信息搜寻成本优势、模仿行为的合法性优势以及模仿性的责任扩散优势。

新制度理论认为，当组织面临的问题由模糊的原因引起，或者解决方案不明确时，在决策方案的搜寻过程中，通过模仿性行为可以毫不费力地

产生可行性的方案。对于个体决策者而言，制定个体决策框架并评估和确定决策选择方案有时候意味着非常大的决策搜寻成本，显然前景理论与赌场盈利效应假说的建立并未将决策搜寻成本考虑在内，实验明显建立在研究者制定好的决策选择框架之内。但是对于 CEO 和个体决策者而言，这需要信息搜寻过程，借鉴已有成功企业的做法成为节约搜寻成本的有效手段。在面临不确定性目标时，选择和制定决策目标和形式可能是一件困难的事，而当组织感知到行业内一些相似的组织更具有合法性或者更成功时，就会主动倾向于模仿，这会提高其决策效率。

在面临不确定性环境时，复制其他组织的决策形式以及重复决策结果的一个优势在于提高了决策的合法性。也即在面临绩效反馈的问题时，如果大多数企业已经选择了并购决策来解决持续增长的问题，那么后续企业选择并购决策就具备了强大的合法性理由。由于并购决策的高风险性，可能导致的损失会使做出这一决策必须具备更为充分的理由，但事实上，行业内相似的组织进行了并购将成为其他成员理解前企业决策者做出这一决定的充分理由，甚至可以不必理解决策的自身情况。美国企业并购大量发生的一个重要的解释是制度逻辑的推动，也即美国并购浪潮，使得大多数的企业随着这些合法性进行了并购（Haleblian et al.，2012），又如，当技术采纳成为当前所有企业的一种趋势，后续企业也往往会将并购目标转向技术性并购（Greve，2011）。因此，当行业内其他相似的企业选择并购决策的行为越密集时，支持当前企业选择并购的合法性理由会越充足，企业越有可能选择并购决策。

模仿性会促使 CEO 在面对绩效反馈的落差时选择并购决策的理由是责任扩散。责任扩散源于心理学实验用以解释意外情况发生时，旁观者众多反而导致直接施救的行为减少的现象（Weidner，1990；Darley & Latane，1968）。在责任扩散假说中一个核心的因素在于，旁观者的人数众多会导致单个个体不做出施救的风险责任被极度分散化，内心的内疚感被减弱。也即“没有一滴水认为自己造成了洪灾”。因此，相对于并购决策的风险性而言，如果行业内大多数企业已经做出了并购决策，那么当前企业 CEO

作为决策者所承担的风险责任将被这些众多的类似行为所分散，个体 CEO 面对失败与风险的内疚责任被分散。即企业个体决策失败的可能性将归咎为行业内大多数做出并购决策的企业都在面临失败这一原因，弱化了对于个体决策责任的归咎，从而将使 CEO 对于风险的紧张感降低，做出并购决策的可能性增加。同样针对绩效与期望的正向落差以及绩效与期望的负向落差与并购决策行为的关系，我们认为可模仿密度在起到调节作用。基于此，本书提出如下研究假设：

H3a：在期望与绩效负向落差越小时，CEO 随后增加并购决策的可能性会在行业内可模仿密度增加时变得更大。

H3b：在期望与绩效正向落差越小时，CEO 随后增加并购决策的可能性会在行业内可模仿密度增加时变得更大。

第二节　研究设计与研究方法

为实现上述理论与研究假设，本书选取了 2011 ~ 2015 年中国大陆沪深两市 A 股制造业上市公司作为初始的研究样本，构建了研究需要的变量以及模型，并依据变量设计和模型需要进一步调整了研究样本与数据。本节内容将围绕研究变量与模型的设计、研究方法的选择以及整体样本与数据的介绍展开。

一、变量与模型设计

（一）研究变量

1. 被解释变量

本章的被解释变量为并购决策提议（Acquisition Decision）。在董事会内部决议时，CEO 会向董事会提交并购决策的议案，以供董事会决议使用。议案支持或否决的最终结果将表现为企业是否完成了并购以及发生的并购数量。由于无法得到确切的 CEO 提议议案数据，限于数据的可获取性，我们使用了企业是否完成并购以及并购发生的最终数量来衡量 CEO 的决策提议。最终结果是 CEO 在董事会提议的子集，尽管存在一定程度的偏差，但仍然可以被作为一种有效的衡量方式。

参考已有有关企业并购的研究成果，我们以企业是否进行并购的概率以及企业在当年进行并购的总数量两种形式衡量企业并购决策的行为。这两种方式在有关企业的并购研究中比较常见（Gamache et al.，2015；陈仕华等，2015）。本书对于并购事件的界定沿用了 Barkema 和 Vermeulen（1998）、Vermeulen 和 Barkema（2001）的基本概念，主要指一家公司对于另一家或其中的一个单元实现了接管（Takeover）。我们排除了国内常见有关并购中将并购重组合在一起的事件，排除的内容包括债务重组、资产剥离、股份回购、资产置换这些在国泰安数据库中纳入并购重组数据库中的事件。并购决策行为有两种形式，分别是并购概率（Acquisition Probability）和并购数量（Acquisition Numbers）。并购概率定义为目标公司当年是否发生了并购行为，如果是，则赋值为 1，否则为 0；并购数量定义为目标公司当年年度所发生并购事件的数量总和。

2. 解释变量

（1）绩效与期望差距（Performance Relative to Aspirations）。遵照最近有关企业行为理论的研究，我们将企业历史期望与绩效的落差定位为一种样本函数（Spline Function），建立在企业当年的实际绩效与相关的对比组之间的差距基础之上，参照 Greve（2003）、Harris 和 Bromiley（2007）、Kim 等（2015）以及陈仕华等（2015）、贺小刚等（2016）在使用企业行为理论中绩效反馈的研究，我们使用了分段函数来隔离绩效与历史期望之间的正向落差以及绩效与历史期望之间的负向落差的不同效果，用以检验正向落差与负向落差所代表的企业决策处于的不同位置，正向落差代表了决策者收益位置的程度，负向落差代表了决策者损失位置的程度，用以衡量 CEO 的损失厌恶程度。

分别使用 ROA 与 ROE 作为衡量绩效的指标，用以增加研究的稳健性。绩效与历史期望的正向差距（AboveAspirations）以及绩效与历史期望的负向差距（BelowAspirations）的计算方式如下：

$$Performance_{it}AboveAspirations_{it} = \begin{cases} ROA_{it} - Aspirations_{it}, & if\ ROA_{it} > Aspirations_{it} \\ 0, & if\ ROA_{it} \leqslant Aspirations_{it} \end{cases} \tag{3-7}$$

$$Performance_{it}\ BelowAspirations_{it} = \begin{cases} Aspirations_{it} - ROA_{it}, & if\ ROA_{it} < Aspirations_{it} \\ 0, & if\ ROA_{it} \geqslant Aspirations_{it} \end{cases} \tag{3-8}$$

式（3-7）与式（3-8）分别衡量了企业绩效高于历史期望差距与企业绩效低于历史期望差距，用以衡量绩效反馈反应在 CEO 层面形成的损失厌恶程度。

在以往的研究中，关于企业期望水平除了历史期望（HistoricalAspirations），来自自身绩效的评估之外，也常常使用绩效与企业社会期望水平（SocialAspirations）来做另一种衡量（Greve，2003；Harris & Bromiley，2007）。这两种衡量被分开使用，最近的研究表明，两种期望水平与绩效的差距可能有不同的含义（Kim et al.，2015）。在本书中，我们选取了企业依据自身历史绩效所形成的期望水平，即历史期望水平作为绩效期望水平，选取该指标的理由有以下两点：

首先，由于期望水平的计算建立在指数加权平均模型的估计基础上，通常选择模型拟合最好的值与变量（Greve，2003）。而借鉴 Desai（2016）、张远飞（2013）的研究，历史绩效水平的指数加权平均估计模型拟合值要高于社会期望水平，因此，为了估计的准确性，我们选择了历史期望水平作为参照点计算绩效与期望的正向落差与负向落差。

其次，基于前景理论与赌场盈利效应假说的角度，个体决策者的决策基本建立在个体决策方案的损失与收益位置上而做出，最初并没有建立在与行业内其他企业比较的差距基础上，因此，选择历史期望水平作为行为理论中的参照点更符合理论分析的要求。

本书对企业绩效与历史期望的差距分别使用了 ROA 与 ROE 作为绩效的衡量，这是为增加研究的稳定性。历史期望水平使用指数加权平均法（Exponentially Weighted Average）来计算，样本均值的估计来自企业过去的绩效水平。用指数加权平均法计算历史期望水平的公式如下：

$$A_t = \lambda A_{t-1} + (1-\lambda) P_{t-1} \tag{3-9}$$

式中，A_t 代表企业期望水平，P 为企业绩效，即 ROA，λ 为期望水平更新过程中的惯性程度（Level of Inertia），t 为年度时间变量。期望水平最合适的更新率建立在 λ 由 0 开始逐渐增加过程中的模型匹配程度。当 λ 趋近于 0 时，显示历史期望水平更新的速度非常快；反之，当 λ 趋近于 1 时，显示历史期望水平根据当前绩效更新得非常慢。

在指数加权平均法中，λ 的取值范围介于 0 到 1，即 $0<\lambda<1$，λ 的合适取值来自模型数据拟合程度，即 λ 的取值使得当前样本权重与控制图拟合最佳，并给予这些样本的权重相同，此时 λ 经过计算相关研究后通常取值为 0.4，而借鉴连燕玲等（2014）和贺小刚等（2016）的相关期望差距研究，λ 的取值均为 0.4，因此本书对于 λ 的取值也为 0.4。对于指数加权平均的初始值 A_0，即当 $t=1$ 时的取值，取该年度绩效的目标值即实际值作为初始值计算。

（2）股票市场超额收益（Ab Return）。本书使用企业在股票市场的年度收益来验证 CEO 在并购决策中的赌场盈利效应。参考 Kim 等（2016）和 Kumar 等（2016）的研究成果，企业在进行并购决策之前，于资本市场上获得的股票收益会对后续风险性决策的承担产生影响，资本市场的股票收益充当了赌场盈利资本的作用。因此，我们使用企业在进行并购决策的前一年度股票市场的超额收益来衡量赌场盈利资本。超额收益是指企业收益与股票市场的回报之差，参考 Zajac 和 Westphal（2004）与 Mishina 等（2010）对于资本资产定价模型的使用，本书用以下模型计算企业的市场回报：

$$FirmReturns_{it} = \alpha_i + \beta_i MarketReturns_t + \varepsilon_{it} \tag{3-10}$$

式中，t 代表时间，i 为目标公司，α 为截距项，代表了股票市场收益为 0 时企业的收益率，ε 为市场噪声。超额收益的衡量在此基础上使用了如下模型：

$$AbReturns_{it} = FirmReturns_{it} - a_i - b_i MarketReturns_t \tag{3-11}$$

式中，a_i 和 b_i 为模型（3－10）经过最小二乘回归后的估计值，使用样本为各上市公司的月收益数据与月市场收益数据。根据模型（3－11），我们得到了企业在并购决策前一年度的股票市场超额收益。

（3）可模仿密度（Imitation Density）。该指标度量了在某一场域或行业内某种企业行为在被多少企业使用的程度。参照 Haveman（1993）以及 Wu 和 Salomon（2016）的研究，我们使用以下条件函数模型来衡量企业并购决策的可模仿密度：

$$ImitationDensity_{it} = \frac{SimilarFirm_i Numbers_t \mid Acquisition}{TotalIndustyFirms_t} \tag{3-12}$$

式中，$SimilarFirm_i Numbers_t \mid Acquisition$ 代表条件函数，表示在 t 年内，进行并购的企业数量中与目标企业相似的企业数量；$TotalIndustyFirms_t$ 代表该年度行业内企业总数。根据已有研究，在所有 t 年度进行并购的企业中，选择与目标企业相似的企业，相似窗口选择企业规模为目标企业规模的 0.5～1.5 倍（陈立敏等，2016），则定位为与该企业相似的企业，企业通常模仿的对象是与自己规模相当的企业，如同西方谚语："乞丐并不会拿自己的收入与富翁相比较，而是和比自己收入高的乞丐相比较。"因此，得到该行业内前一年度与目标企业规模相当的、完成并购的企业数量占行业内总企业数量的比值，就在一定程度上衡量了企业在进行并购决策时所面临的决策可模仿密度。

3. 控制变量

根据已有有关并购决策的研究，我们考虑了以下一些潜在的控制变量，这些变量可能会影响企业对于并购决策的形成，除了年度变量之外，还在文中纳入了以下变量作为本书的控制变量。

（1）公司层面的控制变量。已有研究表明，企业特征变量会对并购产生影响，这些特征变量影响企业是否能够承担以及吸收并购决策带来的潜在风险，因此我们分别控制了以下公司层面的变量：

1）企业规模（Size）。本书对于企业规模的衡量与绝大多数研究一样，选取了企业年度总资产的自然对数。企业规模被认为是最直接地表现出了承担并购决策的能力，规模较大的企业更能够吸收并购所产生的风险，因而会对并购及其经济后果产生影响（Audia & Greve，2006；Haleblian et al.，2009；Haleblian et al.，2012）。在后续的稳健性检验中，我们还分别使用了企业销售收入的自然对数来替代资产自然对数作为企业规模进入模型回归，研究结果与现有结果一致。

2）企业年龄（Age）。企业年龄在一定程度上代表了企业所包含的并购经验，经历时间的长短也通常能够表示企业的经营经验积累，从企业学习理论的角度而言可能会增加企业并购的成功性以及随后的并购数量（Nadolska & Barkema，2014）。对于企业年龄的衡量我们采用截止统计日期时企业所披露的成立时间距统计截止时间的累计年度之和。

3）股权集中程度（StockHHI）。股权集中程度代表了企业股权结构的不同以及大股东权力的强弱，会对企业随后的战略决策产生一定程度的影响（朱冬琴等，2010），我们使用前十大股东持股比例数来衡量企业的股权集中程度。

4）企业性质（StateOwned）。在我国转型经济背景下，特殊的所有权性质可能会对企业并购行为产生影响，因此需要在模型中加以控制（唐建新和陈冬，2010）。为此，我们将企业性质的衡量作为虚拟变量赋值，如果为国有企业，则取值为1，否则取值为0。

（2）公司治理变量。在有关企业并购决策的研究中，公司治理层面的变量会影响企业的决策行为，企业决策行为的产生与实现面临公司治理所构成的约束集，因此我们控制了以下公司治理变量：

1）董事会两职兼任程度（Duality）。董事会两职兼任在一定程度上代表了 CEO 的权力以及董事会对 CEO 的监督状况，CEO 的自由裁量权可能会影响其决策的范围，如并购决策行为（Quigley & Hambrick，2012）。为此我们控制了董事会两职兼任的情况，当董事长与总经理是两职兼任时，取值为 1，否则取值为 0。

2）董事会规模（BoardSize）。董事会规模会对企业并购以及变革型决策产生影响，我们对董事会人数取自然对数作为董事会规模的控制变量。

3）董事会结构（BoardStructure）。独立董事的经验会为企业并购决策提供帮助，在已有的研究中也基本得到了证实（McDonald et al.，2008），为此我们控制了董事会中独立董事人数占董事会总人数的比例作为董事会结构变量纳入研究模型。

4）管理层激励（Compensation）。高管激励会对企业并购行为产生明显的影响（Seo et al.，2015），为此我们使用了前三位高管总薪酬的自然对数作为控制高管激励的变量。

（3）企业资源变量。有关企业战略管理理论认为，企业在做出某一战略决策时，需要根据当前所拥有的资源状况而为，企业行为理论将这些资源视为引起决策者问题搜寻的松懈资源。根据已有研究，我们控制了企业以前年度的市场绩效、企业冗余资源与企业外部增长率三种衡量企业资源的变量。

1）企业以前年度的市场绩效（TobinQ）。已有的研究表明，企业以前年度的市场绩效可能会对其随后的并购决策产生影响（Kim et al.，2015），并且，TobinQ 代表收购后市场绩效的一个重要标准。因此，我们使用了 TobinQ 作为控制企业以前年度绩效的变量。

2）企业冗余资源（Slack）。企业行为理论的研究认为，组织松懈会影响其进行搜寻决策的程度和类型，拥有更多松弛资源的企业对于搜寻风险性决策可能不会有过多的需求（Lungeanu et al.，2015）。为此我们控制了三种类型的冗余资源，分别为企业已吸收冗余 $Absorbedslack_{it}$、未吸收冗余 $Unabsorbedslack_{it}$ 以及潜在冗余 $Potentialslack_{it}$。已吸收冗余使用了企业期间费用总和与销售收入的比例，期间费用包括了销售费用、财务费用与管理费用；未吸收冗余使用了流动比例与资产负债率的平均值来衡量；潜在冗余使用了负债权益比来衡量。企业整体的冗余资源为这三种冗余资源的年度均值，公式如下：

$$Slack_{it} = \frac{Absorbedslack_{it} + Unabsorbedslack_{it} + Potentialslack_{it}}{3} \quad (3-13)$$

式中，$Absorbedslack_{it}$ = 期间费用/销售收入，$Unabsorbedslack_{it}$ =（流动比率 + 速动比率）/2；$Potentialslack_{it}$ = 期末负债/期末所有者权益；i、t 分别为目标公司与对应时间，以年度计算。

3）企业外部增长率（ExGrowth）。最近的研究认为，企业会为了追求规模的增长而进行并购行为，同时，偏好于外部增长的企业更容易进行并购（Kim et al.，2011），通过并购实现增长最大化也是 CEO 获取高薪酬收益的主要手段之一（Josefy et al.，2015），因此，我们在模型中纳入了前一年度的外部增长率作为度量企业增长的指标。参照姜付秀（2009）以及 Kim 等（2011）对于企业内外部增长的区分，对于企业外部增长率的计算公式如下：

$$ExGrowth = 1 - InternalInvestmentRatio \quad (3-14)$$

式中，$InternalInvestmentRatio$ 为内部投资比率，其计算方式为：

内部增投资比率 = 支付构建的固定资产和无形资产等现金 - 出售固定资产和无形资产收回的现金 - 当年度折旧总额/年末总资产增加额

为了控制不同年度的影响，以及不同年度宏观经济的影响，控制了环境波动性 EU。在企业行为理论中，企业决策的产生是应对环境不确定性的一种表现。为此，参照国内有关环境不确定性与企业决策的研究（申慧慧等，2013），我们控制了企业面对的环境不确定性。环境不确定性的计算公式如下：

$$\mathrm{Ln}(Sale) = \varphi_0 + \varphi_1 Year + \varepsilon \quad (3-15)$$

使用样本中的行业企业年度销售收入 Sale 取自然对数与年度虚拟变量来估计上述函数，并使用残差表示每年度销售收入的波动性，作为环境不确定性。还设置了年度行业变量作为各个年份控制变量。

本章所有使用的变量及其简要定义如表 3－2 所示。

表 3－2　研究模型使用的主要变量及说明

序号	变量名称	变量符号	变量定义
1	是否发生并购/并购数量	Acquisition/AcquisitionNo	次年是否发生并购，次年发生的并购数量
2	绩效差距	AboveAspriation/BelowAspriation	ROA/ROE 与历史预期的偏差
3	股票市场超额收益	AbReturn	年度目标企业股票市场的超额报酬
4	模仿密度	ImitationDensity	该年度行业中规模在目标企业 0.5～1.5 倍的，实施并购企业的数量/该年度目标企业所在行业企业总数量
5	企业规模	Size	企业年末总资产的自然对数
6	企业上市年龄	Age	截止到统计期企业成立年龄
7	企业股权集中程度	StockHHI	前十大股东持股比例总和
8	企业性质	StockType	国有企业取值为 1，否则为 0
9	董事会两职兼任情况	Duality	董事长与 CEO 两职合一取值为 1，否则为 0
10	董事会规模	BoardSize	董事会人数的自然对数
11	董事会结构	BoardStructure	董事会中独立董事人数所占的比例
12	管理层现金薪酬	Compensition	前三位高管现金薪酬取自然对数
13	市场绩效	TobinQ	TobinQ
14	企业冗余资源	Slack	企业已吸收冗余，未吸收冗余以及潜在冗余的均值
15	企业外部增长率	ExGrowth	1－内部投资额占比
16	环境波动性	EU	企业年度销售收入模型的残差
17	年度	Year	根据样本时间跨度，设置 N－1 个年度虚拟变量

（二）研究模型

本书建立两种研究模型来验证研究假设，分别如下：

1. CEO 基于绩效反馈的反应对于随后进行并购决策概率的影响

模型构建如下：

$$Acquisition_{i,t+1} = \alpha + \beta_1 BelowAspirations_{it} + \beta_2 AboveAspirations_{it} +$$

$$\beta_3 BelowAspirations_{it} \times AbnormalReturn_{it} + \\ \beta_4 AboveAspirations_{it} \times AbnormalReturn_{it} + \\ \beta_5 BelowAspirations_{it} \times ImitationDensity_{it} + \\ \beta_6 AboveAspirations_{it} \times ImitationDensity_{it} + \\ \beta_7 controls_{it} + \varepsilon \qquad (3-16)$$

式中，$Acquisition_{i,t+1}$为目标 i 企业第 $t+1$ 年是否进行了并购决策，如果是则取值为 1，否则为 0，因此，该模型为 Logistic 回归模型。其中，$BelowAspirations_{it}$为第 i 企业第 t 年绩效与历史期望的负向落差，$AboveAspirations_{it}$为第 i 企业第 t 年绩效与历史期望的正向落差，这两组变量用以衡量 CEO 作为决策者在面对绩效反馈时所处的损失位置与收益位置对于并购决策的影响，进而以此来衡量 CEO 决策过程中的损失厌恶。$AbnormalReturn_{it}$为第 i 企业第 t 年度股票的超额收益，用以衡量该企业的赌场盈利程度，乘积项用以度量在经历股票超额收益之后的风险承担选择，进而用以衡量 CEO 决策过程中的赌场盈利效应。$ImitationDensity_{it}$为第 i 企业第 t 年度所面临的并购决策可模仿密度，用以度量 CEO 在决策中的模仿性行为过程。$controls_{it}$为模型使用的所有控制变量，ε 为残差项。

2. CEO 基于绩效反馈的反应对于随后进行并购决策数量的影响

模型构建如下：

$$AcquisitionNo_{i,t+1} = \alpha + \beta_1 BelowAspirations_{it} + \beta_2 AboveAspirations_{it} + \\ \beta_3 BelowAspirations_{it} \times AbnormalReturn_{it} + \\ \beta_4 AboveAspirations_{it} \times AbnormalReturn_{it} + \\ \beta_5 BelowAspirations_{it} \times ImitationDensity_{it} + \\ \beta_6 AboveAspirations_{it} \times ImitationDensity_{it} + \\ \beta_7 controls_{it} + \gamma \qquad (3-17)$$

式中，$AcquisitionNo_{i,t+1}$为目标 i 企业第 $t+1$ 年成功进行的并购决策总数量，由于该变量为非负整数，因此，该模型为计数 Poisson 回归模型。鉴于该模型的因变量无法取值为 0，因此，该模型为 0 截尾 Poisson 回归模型。模型中的 γ 为残差项，其余变量含义不变。

（三）样本选取与数据来源

本章研究样本的初选对象为我国大陆沪深两市 A 股市场在 2011～2015 年的总计并购事件，根据 2015 年普华永道中国资本市场并购回顾展望的调查，从 2011 年起，我国并购市场开始有了强劲的增长变化，我们将初选研究样本做了整理，作为对我国 A 股并购市场的基本情况表述。如表 3－3和表 3－4 所示。

表 3－3　并购初始样本分年度统计

年份	并购发生次数（次数）	并购总价值（万元）
2011	3223	34918963.948
2012	4702	54609074.940
2013	2915	57808104.456
2014	4345	149875386.182
2015	2359	42834665.349
合计	17544	340046194.877

表 3－3 的研究样本取自 2011～2015 我国 A 股市场的并购交易数据，数据显示，在我国 A 股主板市场中，2011～2012 年开始出现较大程度的并购数量增长，但是这种增长并非是一致持续增加，而是出现了波动，如 2012 年比 2011 年出现了较大程度增加，但是 2013 年又出现回落，2014 年出现较大程度增加，2015 年出现回落。我们并不清楚这种波动的原因是什么，根据本书的理论，并购作为问题搜寻决策可能取决于绩效差距带来的反馈，绩效差距有可能在一定程度上还反映了企业面临的资源松弛情况，在成功实现一次并购之后导致组织的松懈程度增加，并且当前绩效反馈的问题可能得到缓解，由此组织会等待下一个问题的出现而作出新的并购决策，显然这需要进一步的实证验证。在初始研究样本中，5 年合计的并购数量为 17544 次，并购总价值约 3.4 万亿元。为了更清楚地展示初始样本，我们对于初始样本的并购行业分布情况做了详细统计，用以展示 2011～2015 年 A 股市场并购交易在行业中的分布情况。

表 3 – 4　并购初始样本分行业统计

行业代码	行业名称	发生并购数量（次）	发生并购总价值（万元）
A	农林牧渔业	370	41123225. 326
B	采矿业	448	13577142. 395
C	制造业	9227	97350330. 649
D	电力、热力及水的生产和供应业	584	20341563. 696
E	建筑业	477	6724371. 218
F	批发和零售行业	1107	17995269. 429
G	交通运输、仓储和邮政业	490	15167578. 081
H	住宿和餐饮业	121	1136411. 211
I	信息传输、软件和信息服务业	1148	5037689. 958
J	金融业	197	22629128. 179
K	房地产业	2448	88045861. 971
L	租赁和商务服务业	217	3116019. 567
M	科学研究和技术服务业	123	267338. 403
N	水利、环境和公共设施管理	165	2984934. 604
O	居民服务、修理和其他服务	21	194218. 834
P	教育	39	81484. 033
Q	卫生和社会工作	18	581097. 801
R	文化、体育和娱乐业	108	1154514. 302
S	综合	236	2712812. 163
合计	19 类	17544	340046194. 877

资料来源：根据研究样本数据及证监会最新行业分类整理。

表 3 – 4 的数据显示，在我国近 5 年的并购交易事件中，发生次数最多的集中在制造业，共计 9227 次，其次为房地产业，共计 2448 次，以上数据基本反映了 A 股市场并购的两条主要路线，也与当前我国宏观经济的走势相对应：即制造业不景气以及房地产业快速发展。除此之外，在并购交易数量中信息传输、软件和信息服务业的并购次数位居第三，这凸显了近年来企业并购发展的新走向，即以电子商务和互联网软件技术为焦点进行

并购，与目前我国电商由多方竞争逐渐转向 BTA 的局面对应，成为跨行业并购的一个主要领域。

由于制造业企业在近 5 年的并购样本中占据了最大的比例，因此，本书主要以制造业企业作为分析样本，并对样本做了如下筛选。

（1）由于主要变量使用了指数加权平均法，因此，计算以 2011 年企业面临的绩效反馈为起始年份，需要以 2010 年期望值以及 2009 年绩效的实际值为起始，因此，首先对于样本年份的选取取值为 2009 ~ 2015 年，剔除了这 6 年内研究样本缺失的上市公司。

（2）剔除主营业务收入为 0 的上市公司。

（3）剔除期间费用为 0 的上市公司。

（4）剔除当年新上市的企业。

（5）剔除企业高管薪酬缺失的上市公司。

（6）剔除董事会人数及独立董事人数存在缺失的上市公司。

（7）剔除个别数据存在异常数据的上市公司，如主营业务收入为负。

在具体的回归过程中，为了克服主要变量极端值对于回归结果的影响，我们使用 Winsorize 尾数处理法，对所有样本进行了 1% 分位数和 99% 分位数的尾数处理。在回归模型中，主要被解释变量的取值为 2012 ~ 2015 年，其余变量的取值为 2011 ~ 2014 年，最终得到 4 年共计 3595 个观测样本。

二、研究方法

我们使用两种方法来检验本书的研究设计模型以及研究假设。首先，为验证 CEO 面对绩效反馈的行为过程对于随后实施并购决策概率的影响，需要建立 Logistic 回归模型。其次，建立 CEO 作为个体决策者在面对绩效反馈时的反应行为过程对增加并购决策数量的影响模型，需要构建零断尾 Poisson 回归模型。由于在数据检验过程中显示混合回归的零断尾 Poisson 回归对于模型的拟合程度更好，减少了样本估计的偏差，还克服了样本存在的选择性偏差问题。因此在具体的回归中我们使用了混合效应零断尾

Poisson 回归来验证本章的研究假设。

本书在研究方法设计中对可能出现的内生性问题做了处理，常见的内生性问题形成的原因有三种，分别为模型设定偏误，如遗漏了重要的变量；相互因果关系，以及主要变量的测量误差。本书在研究设计中，对于内生性问题所采取的规避型措施有如下三种：

（1）尽可能地根据有关企业行为理论和并购动因的研究多纳入控制变量，在变量设计中做了细致的变量层面分类，尽可能保证少遗漏。

（2）在避免互为因果的原因中，并购由于波动性很可能引起绩效的变化，对并购决策使用滞后一期、绩效反馈使用前一期，保证并购不会反过来影响前一期的绩效，这种方法在企业行为理论中由于顺应其理论逻辑经常被使用。

（3）在模型中关键变量的测量误差方面，尤其是解释变量绩效反馈方面，为了尽可能减少误差的干扰所引起的内生性问题对于结论的影响，通过增加 ROE 以及同时采用 Logit 和 Piosson 回归来减少测量误差引起的内生性对于结论的干扰。

第三节　实证结果与研究讨论

一、描述性统计与相关性结果

表 3 –5 描述了回归样本各变量的描述性统计分布情况。表中的研究样本显示，在 2011 ~2015 年的制造业中，企业平均发生并购次数每年约为 4 次，但是研究样本的较大方差表明，在各个企业之间发生的并购次数有较大的差别。在企业年度发生的并购次数中，最大发生并购次数为 52 次，最小发生并购次数为 1 次。而在是否发生并购的研究样本中，均值达

到了0.646，这表明约有64.6%的研究样本在年度内发生过并购。

在主要解释变量的描述性统计分析中，ROA与历史期望的差距平均为-0.001（来源于样本统计值，并未在表3-5中报告）。这表明，在最近5年企业的发展中，总体而言制造业企业的发展并没有达到预期的收益目标，整体都处在损失位置，这在一定程度上初步解释了为什么制造业行业的并购数量在全样本中占到了最大的比例，ROE所反映出的数据情况与决策者损失位置基本一致。

此外，在将绩效与期望差距细分为绩效与历史期望的正向落差以及绩效与历史期望的负向落差之后，研究样本的均值显示，对于ROA而言，绩效低于历史期望的正向落差要小于绩效低于历史期望的负向落差，对于ROE而言情况基本相同，这表明在企业与其绩效的期望差距中，正向落差与负向落差的程度不同。依据前景理论，即使是相同程度的差距，损失位置与收益位置所带来的效用不同，对于随后的决策行为也会产生不同的影响。

在样本的主要调节变量中，企业股票市场的收益在近5年内平均为负收益，表明自2008年金融危机之后，股票市场的整体收益并未好转，这在制造业企业中有直接的反应。此外，在制造业企业中，进行并购的企业面临的平均可模仿密度为0.105，这一比例总体而言对于制造业企业有一定的参考价值，相对于最小的参考值0.0005，最大的可模仿密度为0.293。这在各个企业当中还是存在较为明显的差别。

表3-5 样本描述性统计分析

变量名称	平均	标准差	中位数	方差	最小值	最大值
AcquisitionNo	4.003	7.082	2.000	50.152	1.000	52.000
Acquisition	0.646	0.478	1.000	0.229	0.000	1.000
AboveHistoralROA	0.015	0.157	0	0.024	0	8.992
BelowHistoralROA	0.021	0.045	0.004	0.002	0	0.699
AboveHistoralROE	0.058	0.622	0	0.387	0	23.668

续表

变量名称	平均	标准差	中位数	方差	最小值	最大值
BelowHistoralROE	0. 083	0. 671	0. 009	0. 451	0	29. 512
ROA	0. 033	0. 191	0. 029	0. 037	-14. 586	1. 560
ROE	0. 053	0. 616	0. 069	0. 380	-29. 144	2. 267
TobinQ	2. 289	3. 823	1. 483	14. 617	0. 087	76. 252
AbReturn	-0. 002	0. 021	-0. 004	0. 000	-0. 115	0. 118
ImitationDensity	0. 105	0. 085	0. 094	0. 007	0. 0005	0. 293
Size	22. 372	1. 509	22. 177	2. 276	15. 577	30. 732
Age	17. 063	4. 867	16. 875	23. 685	3. 125	38. 078
StockHHI	53. 897	16. 248	53. 810	263. 996	13. 20	98. 460
StockType	0. 578	0. 494	1. 000	0. 244	0. 000	1. 000
Duality	0. 175	0. 380	0. 000	0. 145	0. 000	1. 000
BoardSize	2. 185	0. 209	2. 197	0. 044	1. 386	2. 944
Boardstructure	0. 371	0. 056	0. 333	0. 003	0. 182	0. 800
Compensition	14. 611	0. 867	14. 621	0. 752	11. 847	17. 993
Slack	0. 893	1. 302	0. 697	1. 696	0. 274	68. 256
ExGrowth	0. 393	7. 090	0. 059	50. 266	-0. 713	74. 321
EU	0. 380	1. 635	0. 278	2. 672	-12. 117	7. 482

表 3 -6 显示了研究样本回归模型中各变量之间的相互关系。在主要的解释变量方面，AboveAspiration 代表了绩效与历史期望的正向落差，与 Acquisition 是否并购之间的回归系数为 -0. 018，在当前样本和自由度下，在 10% 的水平下显著，与随后进行的并购数量 AcquisitionNo 之间的相关系数为 -0. 009。相关系数的结果与研究假设 H1b 的预期基本一致。绩效与历史期望的正向落差与是否进行并购的负向关系表明，如果 CEO 所面临的收益位置程度在下降，即绩效与历史期望的正向落差程度在减少，CEO 更容易做出风险性决策即并购决策，在损失厌恶下由于高预期压力和财富水平面临下降时风险态度的转变。BelowAspiration 代表了绩效与历史期望的负向落差，与 Acquisition 是否并购之间的回归系数为 -0. 037，在 5% 的水

平下显著，与 AcquisitionNo 之间的相关系数为 -0.023。绩效与历史期望的负向落差与随后并购决策之间的负向关系表明，即使是存在损失位置的 CEO 更容易做出并购决策即损失厌恶的存在，但仍然是绩效低于期望的水平越低，随后的并购决策会越多，越容易做出风险性决策即并购决策，与研究假设 H1a 的预期相一致。值得注意的是，研究结果显示了一定的系数差异性，即相同程度的损失位置变动与相同程度的收益位置变动，与随后的并购行为之间的相关性程度并不等价，这与前景理论中损失效用与收益效用的不对称性相对应。

并且，企业并购决策的可模仿密度与随后进行并购行为之间显著正相关，ImitationDensity 与 Acquisition 以及 AcquisitiionNo 之间的相关系数分别为 0.083 与 0.042，在当前样本自由度 5% 的水平下显著。以上基本与本书对于解释变量和研究假设的预期相一致，赌场盈利效应在相关系数中并没有表现出明显的相关性，需要在随后的实证研究中进一步建立模型来验证。

在代表企业特征的变量相关性中，企业年龄与并购行为显著负相关，企业年龄 Age 与并购行为 Acquisition 以及 AcquisitiionNo 的相关系数分别为 -0.099 和 -0.090，在当前样本自由度 5% 的水平下显著。这一结果表明，相对而言成立时间越短的企业越喜欢进行并购行为，而在代表企业性质的变量中，StockType 与 Acquisition 以及 AcquisitiionNo 之间的相关系数分别为 -0.369 与 -0.281，在当前样本自由度即 5% 的水平下显著相关，这一结果表明民营企业在近年来更喜欢并购行为，这也从并购战略选择方面解释了为什么民营企业在近年来发展迅速的原因。

在有关公司治理层面的变量中，董事会两职合一 Duality 与并购行为显著正相关，Duality 与 Acquisition 以及 AcquisitiionNo 之间的相关系数分别为 0.095 与 0.075，在当前样本自由度 5% 的水平下显著，这表明在拥有两职合一的企业 CEO 更倾向于并购行为，也即 CEO 拥有更高的权力和自由裁量权时更容易做出并购决策。而董事会结构与并购行为显著正相关，Boardstructure 与 Acquisition 以及 AcquisitiionNo 之间的相关系数分别为

0.093 与 0.045，在当前样本自由度 5% 的水平下显著，这表明在我国独立董事对于并购决策的支持度很高，并且能够在并购决策中发挥作用，这可能缘于近年来对独立董事的要求逐渐提高，大多数均为会计与法律背景的董事。而管理层激励机制在促使企业选择风险性决策方面也起到了积极的作用，Compensition 与 Acquisition 以及 AcquisitiionNo 之间的相关系数分别为 0.130 与 0.1110，在当前样本自由度 5% 的水平下显著，这表明对于企业而言，管理层激励机制是提高企业进行风险性决策的重要公司治理机制。

在有关企业资源的变量中，研究数据显示 ExGrowth 与并购行为之间正相关，ExGrowth 与 Acquisition 以及 AcquisitiionNo 之间的相关系数分别为 0.027 以及 0.050，这基本证实偏向于外部增长的企业更容易并购。在各变量的相关系数中，除了是否并购与并购数量两个因变量之外，由于对于两个因变量分别建立模型，因此并没有发现各变量之间存在明显的共线性，这表明在本书构建的模型中，并不存在严重的共线性问题。

表 3-6　变量 Pearson 相关系数

序号	变量名称	1	2	3	4	5	6	7
1	Acquisition	1						
2	AcquisitionNo	0.545 ***	1					
3	Size	0.00300	0.00400	1				
4	Age	-0.099 ***	-0.090 ***	0.102 ***	1			
5	StockHHI	0.040 **	0.049 ***	0.303 ***	-0.254 ***	1		
6	StockType	-0.369 ***	-0.281 ***	0.267 ***	0.193 ***	0.046 ***	1	
7	Duality	0.095 ***	0.075 ***	-0.092 ***	-0.069 ***	-0.062 ***	-0.261 ***	1
8	Boardsize	-0.076 ***	-0.061 ***	0.292 ***	0.0190	0.079 ***	0.222 ***	-0.155 ***
9	BoardStructure	0.093 ***	0.045 ***	0.0180	-0.049 ***	0.036 **	-0.043 **	0.096 ***
10	Compensition	0.130 ***	0.110 ***	0.267 ***	-0.0100	0.060 ***	-0.114 ***	0.068 ***
11	Slack	0.00900	-0.00800	-0.089 ***	0.00900	-0.0140	-0.032 *	0.038 **
12	ExGrowth	0.0270	0.0150	0.033 *	0.037 **	0.070 ***	-0.0190	-0.00800
13	TobinQ	0.030 *	0.0200	-0.422 ***	0.062 ***	-0.072 ***	-0.164 ***	0.059 ***

续表

序号	变量名称	1	2	3	4	5	6	7
14	EU	-0.0210	-0.0260	0.903 ***	0.078 ***	0.332 ***	0.283 ***	-0.106 ***
15	AboveAspriation	-0.018 *	-0.009	-0.069 ***	0.0230	-0.061 ***	-0.0260	0.00500
16	BelowAspriation	-0.037 **	-0.0230	-0.088 ***	0.00400	-0.051 ***	-0.0200	-0.00400
17	AbReturn	-0.0110	-0.0130	0.040 **	-0.00700	0.061 ***	0.00300	0.00900
18	ImitationDensity	0.083 ***	0.042 **	-0.424 ***	-0.00400	-0.152 ***	-0.132 ***	0.079 ***
序号	变量名称	8	9	10	11	12	13	14
8	BoardSize	1						
9	BoardStructure	-0.384 ***	1					
10	Compensition	0.054 ***	0.047 ***	1				
11	Slack	-0.028 *	0.0170	0.032 *	1			
12	TotalGrowth	-0.0200	0.00700	0.00600	-0.00300	1		
13	TQ	-0.148 ***	0.064 ***	0.0210	0.296 ***	-0.00200	1	
14	EU	0.289 ***	-0.00100	-0.00100	-0.155 ***	0.028 *	-0.435 ***	1
15	AboveAspriation	-0.065 ***	0.0170	-0.00400	0.00800	0.120 ***	0.073 ***	-0.116 ***
16	BelowAspriation	-0.052 ***	0.0160	-0.028 *	0.071 ***	-0.00800	0.351 ***	-0.080 ***
17	AbReturn	0.00600	-0.00800	0.00100	-0.00200	-0.0250	-0.0130	0.042 **
18	ImitationDensity	-0.151 ***	-0.0200	-0.043 **	-0.0160	-0.0200	0.050 ***	-0.413 ***
序号	变量名称	15	16	17	18			
15	AboveAspriation	1						
16	BelowAspriation	-0.0110	1					
17	AbReturn	-0.00200	-0.0100	1				
18	ImitationDensity	0.00300	-0.0220	-0.108 ***	1			

注：*、**与***分别表示在10%、5%与1%的水平下显著。

二、回归结果

为进一步验证本书所提出的研究假设，分别对样本建立了回归模型，用以检验研究假设是否可以被现有数据接受。我们分别使用了次年是否并购的概率，以及目标公司次年并购数量来衡量CEO在面对绩效与期望的差距反馈时的反应对并购决策形成的影响。为此，分别建立混合 Logistic 回归模型，以及零断尾混合效应 Poisson 回归模型。使用混合 Logistic 模型的原因在于面板数据与混合数据的回归结果在分别回归后的比较，Hausman 检验的结果更支持模型使用 Logistic 混合效应回归。而在对 Poisson 进行同等结果的回归之后，Hausman 检验的结果更支持模型使用零断尾混合效应 Poisson 回归模型，这使得模型的估计偏差变得最小。

表 3 -7 ~ 表 3 - 10 为本章的主要回归结果：表 3 -7 为绩效与期望差距下 CEO 反应对是否进行并购决策的混合 Logit 回归，其中期望差距即绩效的变量使用了 ROA 作为测度指标；表 3 -8 为绩效与期望差距下 CEO 反应对是否进行并购决策的混合 Logit 回归，其中期望差距即绩效的变量使用了 ROE 作为测度指标；表 3 -9 为绩效与期望差距下 CEO 反应过程对并购数量的 Poisson 回归，仍然使用 ROA 作为绩效的测度指标；表 3 - 10 为绩效与期望差距下 CEO 反应对并购数量的 Poisson 回归，使用 ROE 作为绩效的测度指标。不同指标的使用增加了本书研究的稳健性，同时，对并购决策的衡量使用滞后一期，除了更符合绩效反馈的行为过程理论之外，也在一定程度上解决了模型中并购与绩效差距之间可能存在的内生性问题。

在表 3 -7 的回归模型中，模型（1）为纳入所有控制变量的基本模型。模型（2）为纳入主要解释变量绩效与期望的负向差距，以及绩效与期望的正向差距之后的回归模型，用以验证 CEO 面对绩效与期望的反馈所形成的损失厌恶对于随后并购决策行为的影响。模型（3）加入了赌场盈利效应的变量企业前一期股票市场的超额收益以及超额收益与企业绩效反馈的交互项，包括了 CEO 面对绩效与期望的正向差距以及面对绩效与期望的负向差距，用以检验赌场盈利效应对于并购决策形成的影响。模型（4）为可模仿密度对于 CEO 面对绩效与期望的差距随后进行并购行为的调节作用，包括了 CEO 面对绩效与期望的正向差距以及面对绩效与期望的负向差距，用以验证本章对于 CEO 模仿行为过程的支持。模型（5）为所有变量综合纳入的总模型。其余各表的模型设置原则类似，这里不再赘述。

表3-7 绩效反馈下CEO反应对并购决策概率的混合Logit回归：ROA

模型	(1)	(2)	(3)	(4)	(5)
变量	Acquisition	Acquisition	Acquisition	Acquisition	Acquisition
Size	-0.108*	-0.061	-0.0606	0.119	0.120
	(-2.34)	(-1.00)	(-1.19)	(1.09)	(1.18)
Age	-0.032***	-0.033***	-0.033***	-0.031***	-0.031***
	(-4.39)	(-4.73)	(-5.09)	(-5.53)	(-5.63)
StockHHI	0.008	-0.003	-0.005	-0.006	-0.006
	(0.41)	(-0.32)	(-0.44)	(-0.38)	(-0.37)
StockType	-2.054***	-2.049***	-2.055***	-2.092***	-2.097***
	(-13.74)	(-12.89)	(-13.91)	(-11.12)	(-11.39)
Duality	-0.063	-0.065	-0.069	-0.104*	-0.106*
	(-1.06)	(-1.44)	(-1.33)	(-2.06)	(-2.08)
BoardSize	0.130*	0.118***	0.119***	0.122*	0.121
	(2.47)	(4.25)	(7.03)	(2.07)	(1.89)
BoardStructure	4.290***	4.398***	4.382***	4.581***	4.570***
	(5.28)	(5.72)	(5.66)	(5.50)	(5.35)
Compensition	0.002***	0.001***	0.001***	0.001***	0.001***
	(13.22)	(19.82)	(23.93)	(24.82)	(25.56)
Slack	0.027***	0.003	0.037**	0.019*	0.022**
	(4.85)	(1.95)	(2.59)	(2.30)	(2.82)
ExGrowth	0.141*	0.280	0.284*	0.374***	0.372***
	(1.98)	(1.92)	(1.99)	(9.66)	(10.56)
TobinQ	-0.006	0.013*	0.009**	0.0263***	0.025***
	(-1.10)	(1.99)	(3.20)	(7.90)	(13.81)
EU	0.215***	0.175***	0.172***	0.157***	0.155***
	(23.94)	(5.89)	(8.87)	(4.41)	(5.22)
AboveAspiration		-1.076*	-1.015*	-0.426***	-0.399***
		(-2.21)	(-1.99)	(-16.03)	(-19.71)
BelowAspiration		-2.517*	-2.480**	-1.996**	-1.879*
		(-2.28)	(-2.80)	(-2.89)	(-2.54)

续表

模型	(1)	(2)	(3)	(4)	(5)
AbReturn			2. 090		2. 353
			(1. 13)		(1. 27)
ImitationDensity				3. 844 ***	3. 846 ***
				(4. 43)	(4. 47)
AboveAspiration × AbReturn			-13. 15 *		-15. 81
			(-2. 32)		(-1. 08)
BelowAspiration × AbReturn			12. 11 ***		19. 17 ***
			(25. 61)		(19. 52)
AboveAspiration × ImitationDensity				-22. 58 ***	-21. 65 ***
				(-13. 83)	(-12. 94)
BelowAspiration × ImitationDensity				-13. 15 *	-8. 973
				(-2. 32)	(-1. 37)
Cons	2. 727	1. 842	1. 862	-2. 788	-2. 809
	(0. 84)	(0. 54)	(0. 57)	(-0. 59)	(-0. 61)
Years	Controlled	Controlled	Controlled	Controlled	Controlled
Pseudo R^2	0. 1679	0. 1728	0. 1741	0. 1805	0. 1812
Log Likelihood	-1790. 77	-1780. 312	-1777. 57	-1763. 61	-1762. 21
N	3516	3516	3516	3516	3516

注：*、**、***分别代表在10%、5%、1%的水平下显著，括号内为使用聚类稳健标准误以后的T值。如无特殊说明，文中后表均一致。

研究假设H1a认为，企业绩效与期望的负向差距缩小时，CEO随后进行并购行为的可能性在增加，也即企业绩效与期望的负向落差越小，随后进行并购行为的可能性越高，绩效与期望的负向落差与并购可能性之间的回归系数需要显著为负。而这在表3-7以及表3-8的回归模型中均得到了支持。

在表3-7的回归结果中，以ROA作为绩效参照指标，模型（2）的回归结果显示，BelowAspiration与Acquisition之间的回归系数为-2.517，在10%的水平下均显著，这一结果强有力地支持了研究假设H1a，即企业绩效与历史期望的负向差距越小，CEO 越有可能在随后的决策行为中进行并购决策。原因首先在于处在损失位置的 CEO 产生了损失厌恶，处于损失位置的个体决策者由风险中立转向风险追求，从而倾向于做出风险承担决策；其次在于搜寻成本和财务资源的影响，绩效低于期望水平较小的企业扭转损失位置的可能性更高，更倾向于做出风险性决策以扭转当前的损失位置。

在表 3 -8 的回归结果中，以 ROE 作为绩效参照指标，模型（2）的回归结果显示，BelowAspiration 与 Acquisition 之间的回归系数为 -0.136，在 10% 的水平下均显著，这一结果再次支持了研究假设 H1a，即企业绩效与历史期望的负向差距越小，CEO 越有可能在随后的决策行为中进行并购决策。以 ROE 为绩效参照指标的回归结果增加了这一研究假设的稳健性。

研究假设 H1b 认为，企业绩效与期望的正向差距缩小会提高 CEO 随后进行并购行为的可能性，也即企业绩效与期望的正向落差越小，随后进行并购行为的可能性越高，绩效与期望的正向落差与并购可能性之间的回归系数显著为负。而这在表 3 -7 以及表 3 -8 的回归模型中也都得到了支持。

在表 3 -7 的回归结果中，以 ROA 作为绩效参照指标，模型（2）的回归结果显示，AboveAspiration 与 Acquisition 之间的回归系数为 -1.076，在 10% 的水平下显著，这一结果也强烈支持了研究假设 H1b，即企业绩效与历史期望的正向差距越小，CEO 越有可能在随后的决策行为中进行并购决策。原因在于财富水平的变化触发了 CEO 的风险态度，可能由风险规避型转向风险追求型，并且在高绩效期望的压力下，一旦低于高期望水平，CEO 会出现维持高水平而做出的风险性决策行为，如并购，这种“红皇冠”效应的出现使得 CEO 倾向于做出风险性决策行为。

在表 3 -8 的回归结果中，以 ROE 作为绩效参照指标，模型（2）的回归结果显示，AboveAspiration 与 Acquisition 之间的回归系数为 -0.0504，在 10% 的水平下均显著，这一结果再次支持了研究假设 H1b，即企业绩效与历史期望的正向差距越小，CEO 越有可能在随后的决策行为中进行并购决策。以 ROE 为绩效参照指标的回归结果也证明了这一研究假设的稳健性。

表3-8 绩效反馈下CEO反应对并购决策概率的混合Logit回归：ROE

模型	(1)	(2)	(3)	(4)	(5)
变量	Acquisition	Acquisition	Acquisition	Acquisition	Acquisition
Size	-0.112	-0.102	-0.105	0.0807	0.0813
	(-1.74)	(-1.64)	(-1.71)	(0.88)	(0.93)
Age	-0.032***	-0.032***	-0.032***	-0.029***	-0.029***
	(-4.89)	(-4.95)	(-5.15)	(-4.68)	(-4.75)
StockHHI	0.0008	0.0005	0.0003	0.0008	0.0006
	(0.31)	(0.20)	(0.12)	(0.29)	(0.21)
StockType	-2.058***	-2.051***	-2.051***	-2.082***	-2.082***
	(-12.91)	(-12.89)	(-13.05)	(-10.92)	(-11.10)
Duality	-0.0685	-0.0699	-0.0705	-0.0827	-0.0837
	(-0.55)	(-0.55)	(-0.56)	(-0.69)	(-0.70)
BoardSize	0.131	0.130	0.132	0.146	0.148
	(1.15)	(1.14)	(1.13)	(1.19)	(1.19)
BoardStructure	4.280***	4.317***	4.305***	4.528***	4.519***
	(6.84)	(6.89)	(6.89)	(6.76)	(6.74)
Compension	0.0021***	0.0021***	0.002***	0.002***	0.002***
	(6.78)	(6.59)	(6.47)	(5.90)	(5.73)
Slack	0.0028	0.0026	0.0026	0.0015	0.0015
	(1.58)	(1.41)	(1.37)	(0.85)	(0.81)
ExternalGrowth	0.159**	0.166**	0.166**	0.170**	0.168*
	(3.23)	(3.17)	(3.21)	(2.58)	(2.52)
TobinQ	-0.007	-0.004	-0.004	0.015**	0.015*
	(-1.24)	(-0.69)	(-0.59)	(2.91)	(2.45)
EU	0.218***	0.207***	0.209***	0.175***	0.175***
	(4.77)	(4.52)	(4.57)	(3.64)	(3.71)
AboveAspiration		-0.0504*	-0.0460	-0.175*	-0.177*
		(-1.98)	(-1.57)	(-1.91)	(-1.87)

续表

模型	(1)	(2)	(3)	(4)	(5)
BelowAspiration		-0.136*	-0.156*	-0.121	-0.137*
		(-2.17)	(-2.37)	(-1.69)	(-2.01)
AbReturn			1.954		2.447*
			(1.53)		(1.86)
ImitationDensity				3.792***	3.810***
				(4.04)	(4.21)
AboveAspiration × AbReturn			-0.419		-2.167
			(-0.08)		(-0.44)
BelowAspiration × AbReturn			-1.706		-1.380
			(-0.74)		(-0.60)
AboveAspiration × ImitationDensity				-2.083**	-2.296**
				(-2.77)	(-2.87)
BelowAspiration × ImitationDensity				0.280	0.299
				(0.39)	(0.45)
Cons	2.822	2.624	2.708	-2.125	-2.124
	(1.17)	(1.13)	(1.18)	(-0.64)	(-0.66)
Year	controlled	controlled	controlled	controlled	controlled
Pseudo R^2	0.1683	0.1693	0.1695	0.1747	0.1751
Log Likelihood	-1790.03	-1785.02	-1787.313	-1776.11	-1775.25
N	3516	3516	3516	3516	3516

注：*、**、***分别代表在10%、5%、1%的水平下显著。

研究假设 H2a 认为，在期望与绩效负向落差越小时，CEO 随后增加并购决策的可能性会在企业前一期取得较高股票市场超额收益时变得更大。研究假设 H2b 认为，在期望与绩效正向落差越小时，CEO 随后增加并购决策的可能性会在企业前一期取得较高股票市场超额收益时变得更大。两个假设的提出用于检验面对绩效期望的反馈时，赌场盈利效应对于并购决策提议形成的影响。企业前一期的股票超额收益会正向调节绩效与期望的负落差与并购决策之间的关系，以及正向调节绩效与期望的正落差与并购决策之间的关系，原因在于赌场盈利效应的形成。在表3－7 以及表 3－8 的回归结果中，AbReturn 与 Acquisition 之间的回归系数均为正，而不论是在表 3－7 的回归模型（3）～回归模型性（5）中，还是在表 3－8 的回归模型（3）～回归模型（5）中。在表 3－7 的回归模型（3）～回归模型（5）中，AbReturn 与 Acquisition 之间的回归系数分别为 2.090 和 2.353，虽然为正但是并不显著；在表 3－8 的回归模型（3）～回归模型（5）中 AbReturn 与 Acquisition 之间的回归系数分别为 1.954 和 2.447，在回归模型（5）中 10% 的水平下显著。同时，在表 3－7 中，ImitationDensity 对于 Acquisition 的回归系数在回归模型（4）和回归模型（5）中分别为 3.844 和 3.846，在 5% 的水平下显著；在表 3－8 中，回归模型（4）和回归模型（5）中 ImitationDensity 对于 Acquisition 的回归系数分别 3.792 和 3.810，同样在 5% 的水平下显著。这表明，在企业并购决策中，资本市场前一期收益的影响与模仿性行为过程表现得较为明显。但在进一步的研究中我们发现，赌场盈利效应在绩效与期望的正向差距反馈和绩效与期望的负向差距中所产生的调节作用并不同。

对于研究假设 H2a 而言，在表 3－7 的回归结果中，以 ROA 为绩效参照指标，BelowAspiration × AbReturn 的回归系数，即乘积项系数在回归模型（3）中为 12.11，在 5% 的水平下显著为正，与 BelowAspiration 对并购行为的回归符号相反，这一结果并没有支持研究假设 H2a，即在前一期经历较高股票收益的企业，CEO 面对绩效负向落差缩小时做出并购决策的行为概率被极大地降低了。这与研究假设 H2a 几乎完全相反。回归模型（5）中的结果 BelowAspiration × AbReturn 的回归系数与回归模型（3）中 BelowAspiration × AbReturn 的回归系数基本相同。在表 3－8 的回归结果中，以 ROE 为绩效参照指标，BelowAspiration × AbReturn 的回归系数，即乘积项系数在回归模型（3）中为 －1.706，但是并不显著，在回归模型（5）的结果中 BelowAspiration × AbReturn 的回归系数与回归模型（3）中 BelowAspiration × AbReturn 的回归系数基本相同，这些结果并没有支持研究假设 H2a。

对于研究假设 H2b 而言，在表 3 – 7 的结果中，回归模型（3）显示，AboveAspiration × AbReturn 的回归系数，即乘积项系数为 – 13. 15，在 5% 的水平下显著，这一结果有力地支持了研究假设 H2b，即在前一期经历较高股票收益的企业，CEO 面对绩效正向落差越小时做出并购决策的行为概率被提高。回归模型（5）中的结果 AboveAspiration × AbReturn 的回归系数与回归模型（3）BelowAspiration × AbReturn 的回归系数基本相同，为 – 15. 81。在表 3 –8的回归结果中，AboveAspiration × AbReturn 的回归系数，即乘积项系数在回归模型（3）中为 – 0. 419，在回归模型（5）中的结果 AboveAspiration × AbReturn 的回归系数与回归模型（3）中 BelowAspiration × AbReturn 的回归系数基本相同，为 – 2. 147。以上结果基本支持了研究假设 H2b，即在前一期经历较高股票收益的企业，CEO 面对绩效正向落差越小时做出并购决策的行为概率越高。但是这些回归结果表明，赌场盈利效应可能只在企业面对正向期望时更能够促进并购决策的形成，而在负向差距时，前期积累的财富反而会导致 CEO 开始追求财富的安全性。

研究假设 H3a 认为，在期望与绩效负向落差越小时，CEO 随后增加并购决策的可能性会在可模仿密度增加时变得更大。研究假设 H3b 认为，在期望与绩效正向落差越小时，CEO 随后增加并购决策的可能性会在可模仿密度增加时变得更大。这些假设建立在绩效反馈形成决策过程中的模仿性行为过程基础上，认为模仿行为过程会调节绩效期望落差与随后并购行为之间的关系，而这些假设在表 3 – 7 和表 3 – 8 中也得到了支持。

对于研究假设 H3a 而言，在表 3 – 7 的回归结果中，BelowAspiration × ImitationDensity 的回归系数，即乘积项系数在回归模型（4）中为 – 13. 15，在 10% 的水平下显著，与 BelowAspiration 对并购行为的回归符号相同。这一结果有力地支持了研究假设 H3a，即 CEO 面对绩效负向落差越大时做出并购决策的行为概率在面临更大的可模仿密度时会被提高。在表 3 – 7 中，模型（5）的结果中 BelowAspiration × ImitationDensity 的回归系数为 – 8. 973，同样在 5% 的水平下显著。这些回归结果显著地支持了研究假设 H3a。

对于研究假设 H3b 而言，在表 3－7 的结果中，回归模型（4）显示，AboveAspiration × ImitationDensity 的回归系数，即乘积项系数为－22.58，在 5% 的水平下显著，这一结果有力地支持了研究假设 H3b，即 CEO 面对绩效正向落差越小时做出并购决策的行为概率在可模仿密度增加时越高。回归模型（5）的结果中 AboveAspiration × ImitationDensity 的回归系数与回归模型（4）中 BelowAspiration × ImitationDensity 的回归系数基本相同，为－21.65。表3－8的回归结果中 AboveAspiration × ImitationDensity 的回归系数，即乘积项系数在回归模型（4）中为－2.083，在 5% 的水平下显著。这一结果在符号上也基本能够支持研究假设 H3b，即 CEO 面对绩效正向落差越小时做出并购决策的行为概率在可模仿密度较高时会越大。

值得注意的是，对于赌场盈利效应而言，赌场盈利效应对于绩效低于期望时进行并购决策的影响并不明显，表 3－8 中回归模型（4）和回归模型（5）BelowAspiration 与 AbReturn 的乘积项系数开始变得不显著，这表明在企业并购市场中，虽然处于损失位置的 CEO 在经历股票市场收益之后更愿意进行并购决策，但是可能基于巨大的融资成本（股票收益对于投资者而言是收益，对于企业而言是资本成本），诱导性降低，在损失位置越是经历负向收益的企业，越不容易并购。反而是在收益位置的企业，经历了较高的股票超额收益之后，更愿意使用这些收益继续做并购这些风险性决策。

对于模仿行为过程而言，表 3－8 中回归模型（5）Below Aspiration 与 ImitationDensity 的乘积项系数也开始变得不显著，导致这一结果出现的原因在于，当绩效高于期望时，组织有更充足的资源执行并购决策，并且执行看似安全的、被大多数企业执行的决策，如并购；而在低于期望水平时，即使企业愿意进行模仿行为，但是基于这一模仿行为的巨大模仿成本和当前财务资源的欠缺，模仿效应的作用开始变弱。事实上已有研究曾经表明，社会资本和资源较好的企业，在社会中的地位更容易受到从众心理的影响（Pillai et al. ,2017）。

表3-9 绩效反馈下CEO反应对并购决策数量的Poisson回归：ROA

模型	(1)	(2)	(3)	(4)	(5)
变量	Acquisition No	Acquisition No	Acquisition No	Acquisition No	Acquisition No
Size	0.065***	0.074***	0.073***	0.092***	0.091***
	(5.44)	(6.18)	(6.05)	(7.09)	(7.02)
Age	-0.012***	-0.012***	-0.012***	-0.011***	-0.011***
	(-10.17)	(-10.37)	(-10.39)	(-9.84)	(-9.89)
StockHHI	0.002***	0.002***	0.002***	0.002***	0.002***
	(8.01)	(7.33)	(7.28)	(7.63)	(7.52)
StockType	-0.599***	-0.594***	-0.594***	-0.595***	-0.594***
	(-52.99)	(-52.53)	(-52.42)	(-52.56)	(-52.44)
Duality	0.001	-0.001	-0.001	-0.004	-0.005
	(0.01)	(-0.00)	(-0.11)	(-0.38)	(-0.44)
BoardSize	-0.004	-0.005	-0.006	-0.010	-0.009
	(-0.14)	(-0.17)	(-0.19)	(-0.35)	(-0.30)
BoardStructure	0.480***	0.490***	0.484***	0.484***	0.486***
	(4.70)	(4.79)	(4.73)	(4.74)	(4.75)
Compensition	0.004***	0.004***	0.004***	0.004***	0.004***
	(6.78)	(6.19)	(6.36)	(6.28)	(6.31)
Slack	-0.001*	-0.001	-0.001	-0.001	-0.001
	(-2.24)	(-1.43)	(-1.31)	(-0.08)	(-0.02)
ExGrowth	0.001	0.001	0.001	0.001	0.001
	(1.70)	(1.86)	(1.35)	(1.17)	(1.10)
TobinQ	0.001	0.004**	0.003*	0.005***	0.005***
	(0.64)	(2.86)	(2.33)	(3.37)	(3.32)
EU	-0.019*	-0.028**	-0.027**	-0.030**	-0.029**
	(-1.99)	(-2.83)	(-2.79)	(-3.03)	(-2.98)
AboveAspiration		-0.098*	-0.101*	-0.068	-0.091*
		(-2.30)	(-2.05)	(-1.69)	(-1.88)
BelowAspiration		-0.963***	-0.961***	-0.962***	-0.944***
		(-7.39)	(-7.33)	(-7.05)	(-6.88)

续表

模型	(1)	(2)	(3)	(4)	(5)
AbReturn			0.663**		0.749**
			(2.81)		(3.16)
ImitationDensity				0.424***	0.444***
				(4.13)	(4.31)
AboveAspiration × AbReturn			-16.501***		-6.617
			(-4.70)		(-1.70)
BelowAspiration × AbReturn			-5.173		-5.749
			(-0.89)		(-0.92)
AboveAspiration × ImitationDensity				-5.875***	-5.456***
				(-5.46)	(-4.78)
BelowAspiration × ImitationDensity				9.803***	10.18***
				(6.46)	(6.55)
Cons	0.987***	0.815**	0.852**	0.363	0.379
	(3.70)	(3.03)	(3.17)	(1.23)	(1.28)
Year	Controlled	Controlled	Controlled	Controlled	Controlled
Pseudo R^2	0.097	0.0984	0.0989	0.1004	0.1006
LR Chi2	5886.31	5976.15	6003.88	6092.58	6106.31
N	3516	3516	3516	3516	3516

注：*、**、***分别代表在10%、5%、1%的水平下显著。

表3-9和表3-10为绩效与期望差距对CEO形成随后并购决策数量的Poisson回归，用以增强关于并购决策研究的稳健性，此时并购决策行为的参照变量为次年度进行的并购数量总和。由于并购数量在0处出现了断尾，为克服选择性偏差问题，我们使用了0断尾Poisson回归模型，并且在经过Haunsman检验之后，根据已有的样本数据，选择了混合效应Poisson回归模型。

在表3-9的回归数据中，0截尾混合效应Poisson回归结果显示，企业绩效与期望差距之间的负向落差与下一年度进行的并购数量显著负相关，企业绩效与期望差距之间的正向落差与下一年度进行的并购数量显著负相关。企业绩效与期望差距之间的正向落差与下一年度进行的并购数量的回归系数在回归模型（2）中为 -0.098，在 5% 的水平下显著，企业绩效与期望差距之间的负向落差与下一年度进行的并购数量的回归系数在回归模型（2）中为 -0.963，在 5% 的水平下显著，这些数据结果也能够稳健地支持研究假设 H1b 与研究假设 H1a。同时，在回归模型（3）中，企业前一期股票超额收益与绩效期望的正向落差交互项系数为 -16.501，在 5% 的水平下显著，与绩效期望的负向落差交互项系数为 -5.713，均与主效应符号一致，这些结果基本支持了研究假设 H2b。在回归模型（4）中，可模仿密度与绩效期望的正向落差交互项系数为 -5.875，这一结果也支持了研究假设 H3b。但是，模仿性效应与绩效期望的负向落差交互项系数为 9.803，在 5% 的水平下显著，与主效应的回归符号相反，并不支持研究假设 H3a。这一结果表明，在面对绩效与期望形成负向差距时，损失厌恶与模仿性行为过程都很强烈，可能会形成替代关系，从而明显降低负向反馈时形成的并购决策关系。

表 3-10　绩效反馈下 CEO 反应对并购决策数量的 Poisson 回归：ROE

模型	(1)	(2)	(3)	(4)	(5)
变量	AcquisitionNo2	AcquisitionNo2	AcquisitionNo2	AcquisitionNo2	AcquisitionNo2
Size	0.0651***	0.0677***	0.0646***	0.0876***	0.0849***
	(5.44)	(5.64)	(5.37)	(6.77)	(6.55)
Age	-0.012***	-0.011***	-0.011***	-0.011***	-0.011***
	(-10.17)	(-10.08)	(-10.07)	(-9.35)	(-9.40)
StockHHI	0.002***	0.002***	0.003***	0.003***	0.003***
	(8.01)	(7.83)	(7.74)	(8.14)	(8.00)
StockType	-0.599***	-0.596***	-0.595***	-0.593***	-0.592***
	(-52.99)	(-52.56)	(-52.48)	(-52.32)	(-52.24)
Duality	0.001	0.001	-0.001	-0.0031	-0.003
	(0.01)	(0.02)	(-0.04)	(-0.30)	(-0.40)

续表

模型	(1)	(2)	(3)	(4)	(5)
BoardSize	-0.004	-0.003	-0.002	-0.003	-0.002
	(-0.14)	(-0.11)	(-0.09)	(-0.11)	(-0.09)
BoardStructure	0.480***	0.479***	0.486***	0.476***	0.483***
	(4.70)	(4.69)	(4.76)	(4.67)	(4.73)
Compensition	0.0001***	0.0001***	0.0001***	0.001***	0.0001***
	(6.78)	(6.35)	(6.35)	(5.93)	(5.96)
Slack	-0.001*	-0.0011*	-0.0011*	-0.0011*	-0.0011*
	(-2.24)	(-2.25)	(-2.04)	(-2.56)	(-2.34)
ExtGrowth	0.001	0.001	0.001	0.001	0.001*
	(1.70)	(1.79)	(1.93)	(1.85)	(1.99)
TobinQ	0.000995	0.00279	0.00184	0.00475**	0.00411*
	(0.64)	(1.72)	(1.11)	(2.80)	(2.36)
EU	-0.0195*	-0.0220*	-0.0210*	-0.0281**	-0.0270**
	(-1.99)	(-2.23)	(-2.13)	(-2.83)	(-2.72)
AboveAspiration		-0.0659**	-0.108***	-0.114***	-0.133***
		(-3.17)	(-4.34)	(-4.13)	(-4.56)
BelowAspiration		-0.0327**	-0.0349**	-0.0970***	-0.102***
		(-2.81)	(-2.64)	(-4.78)	(-4.76)
AbReturn			0.585*		0.607*
			(2.49)		(2.57)
ImitationDensity				0.404***	0.414***
				(3.93)	(4.02)
AboveAspiration × AbReturn			-4.620***		-4.126***
			(-3.96)		(-3.35)
BelowAspiration × AbReturn			-0.250		-0.515
			(-0.42)		(-0.68)
AboveAspiration × ImitationDensity				-0.794*	-0.471
				(-2.55)	(-1.44)
BelowAspiration × ImitationDensity				1.317***	1.318***
				(6.70)	(6.75)

续表

模型	(1)	(2)	(3)	(4)	(5)
Cons	0.987***	0.936***	1.004***	0.424	0.485
	(3.70)	(3.50)	(3.75)	(1.44)	(1.64)
Year	controlled	controlled	controlled	controlled	controlled
Pseudo R^2	0.097	0.0973	0.0977	0.0988	0.0991
LR Chi2	5886.31	5907.88	5932.79	5995.76	6016.2
N	3516	3516	3516	3516	3516

注：*、**、***分别代表在10%、5%、1%的显著性水平下显著。

表3-10的回归结果显示，即使是企业绩效转变为ROE的参照指标，本书的基本研究假设的回归结果也不变。企业绩效与期望差距之间的负向落差与下一年度进行的并购数量仍然显著负相关，企业绩效与期望差距之间的负向落差与下一年度进行的并购数量显著负相关。企业绩效与期望差距之间的正向落差与下一年度进行的并购数量的回归系数在回归模型（2）中为-0.0659，在5%的水平下显著，企业绩效与期望差距之间的负向落差与下一年度进行的并购数量的回归系数在回归模型（2）中为-0.0327，在5%的水平下显著，这些数据结果也能够稳健地支持研究假设H1b与研究假设H1a。同时，在回归模型（3）中，企业前一期股票超额收益与绩效期望的正向落差交互项系数为-4.620，在10%的水平下显著，这一结果支持了研究假设H2b。超额收益与期望的负向落差交互项系数为-0.250，并不支持研究假设H2a，这表明在面对绩效负向反馈时，即损失位置、赌场盈利效应的作用并不明显，企业更倾向于保持前期收益的安全性。在回归模型（4）中，可模仿密度与绩效期望的正向落差交互项系数为-0.794，在10%的水平下显著，与主效应的回归符号相同，这一结果支持了研究假设H3b，但是绩效负向期望与可模仿密度的交互项系数在回归模型（4）中显著为正，为1.317，并不支持研究假设H3a，这一结果再次表明，在面对负向绩效反馈时，可模仿密度的增加反而弱化了绩效较弱的企业做出进一步并购决策的可能性，二者存在一定程度的替代性。

在以上回归结果表中，模型所纳入的控制变量也基本与相关学者的研究一致。对于模型中所纳入的企业特征变量而言，回归结果表明资产规模更大的企业更倾向于并购，这在表 3－6 和表 3－7 的回归模型中都显著为正，表明在是否进行并购决策时，更大规模的企业更容易吸收并购决策带来的风险。这与现有研究结论相似，即在现有的大规模企业中，越大规模的企业，其规模增长越快（Haleblian et al.，2012）。在研究模型的回归结果中，企业年龄越小的样本公司越倾向于并购，这可能与企业规模与并购数量的关系和经济意义基本一致，即越年轻的企业越急于扩张，从而加大了并购决策的力度。

有关企业股权性质的研究结果显示，相对于国有股权而言，民营性质企业在最近 5 年内更倾向于并购，这在表 3－7～表 3－10 的回归结果中有明显的表现，StockType 的回归符号在表 3－7～表 3－10 中始终为负，表明民营企业更偏爱于并购决策，而不管是在进行并购方面，还是在增加并购数量方面。近年来，随着行业准入对于民营资本逐渐放宽，并购成为民营企业进入新行业的一种重要方式，也凸显了民营企业近几年来在资本市场上的迅速发展。

就模型中纳入的公司治理变量而言，在回归结果中，对于是否进行并购决策而言，也即表 3－7 和表 3－10 的回归结果显示，董事会规模与企业是否进行并购决策显著正相关，表明规模越大的董事会，在是否进行并购决策方面起到的支持作用越大。但是这种效应在是否增加并购数量时，董事会规模呈现负面的影响，在表 3－9 和表 3－10 的研究结果中，回归模型（1）～回归模型（5）的 BoardSize 回归系数均显著为负，表明在是否继续增加并购方面，规模更大的董事会很难达成一致，由此降低了企业继续并购的速度，这一结果很可能与董事会的异质性相关，在较大规模的董事会中，往往异质性程度很高，因此很难在继续增加某一并购决策方面达成一致（Nadolska et al.，2014；Desai，2016）。

在表 3－7 和表 3－8 的回归结果中，董事会结构变量在模型中与是否进行并购均显著正相关，这表明在面对绩效与期望落差时，董事会成员在是否支持并购决策时所表现出的态度为支持，较好地履行了咨询职能，Hillman（2009）研究发现，拥有更多独立董事的企业更容易从破产困境中走出来，为独立董事的资源依赖理论提供了很好的证据，本章研究模型的结果与之相符合。但是在表 3－9 和表 3－10 中，独立董事与并购数量的增加也呈现出明显的正相关，表明独立董事支持企业进行并购决策，企业不断增加并购数量既有可能在增加随后的风险，也有可能是出于 CEO 个人追求自身利益所做出的决策。因为企业规模不断扩大的一个重要原因在于 CEO 基于个人利益最大化而做出的增长性决策，CEO 个人薪酬往往与企业规模密切相关，因此组织不断追求并购数量被视作管理层偏离股权利益而偏向个人利益的表现之一（Fong et al.，2010；Josefy et al.，2016）。而组织 CEO 基于个人利益最大化以及风险扩大方面，本书的研究结果中 CEO 的现金薪酬与并购决策及并购数量显著相关也与这一结论相一致。

此外，在有关企业资源变量方面，研究结果显示了企业冗余资源作为企业松懈区域的作用，变量 Slack 即企业冗余资源与企业并购行为负相关，不论是在表 3－7 和表 3－8 的有关是否并购的 Logit 回归模型中，还是在表 3－9 与表 3－10 的 Poisson 回归模型中，企业资源变量基本都充当了组织的松懈区域，降低了组织在面临绩效反馈问题时的决策搜寻行为，这与企业行为理论的基本结论一致。

在回归结果中，各表的回归结果拟合 R^2 约在 0.15，证明本书的模型基本能够恰当地拟合现有的样本与数据，模型的设定所控制的偏误较为合理。

三、讨论与结论分析

整合上述内容，在本章中，我们使用了企业行为理论和心理过程以及前景理论来探讨了绩效与期望的反馈所引起的 CEO 的反应如何促使 CEO 形成并购决策方向和在企业之间的差异，尽管这种决策有可能带来潜在的损失。CEO 在面对绩效反馈时，会出现损失厌恶（Tversky & KahNeman，1991）、赌场盈利效应（Thaler & Johnson，1990）及模仿性行为过程，这些行为过程促使 CEO 在面对绩效与期望的落差时，形成了并购的决策承担意愿及其在企业之间的差异。

具体而言，我们分别研究了 CEO 面对绩效低于历史期望的负向落差以及 CEO 面对绩效期望的正向落差，用以分析损失厌恶。研究发现，CEO 面对绩效低于历史期望的负向落差越小，越有可能在随后增加并购决策行为，面对绩效高于历史期望的正向落差越小，越有可能在随后增加并购决策行为。形成这一并购决策结果的原因在于，绩效低于历史期望使 CEO 处于损失位置，更容易形成损失厌恶的行为过程，而由于财务资源的支持，以及搜寻成本和逆转损失位置可能性会在绩效低于期望水平时更愿意做出并购决策；由于绩效高于历史期望在落差逐渐减小时会改变 CEO 的风险追求态度，并且处于损失厌恶倾向于维持高水平的期望，更愿意承担并购决策行为。以上作为 CEO 损失厌恶对于并购决策形成的影响。在这一过程中，我们的研究还发现了赌场盈利效应和模仿效应所起到的调节作用。进一步的研究发现，在上一期经历了较高股票超额收益之后的 CEO，面对绩效与期望的正向落差缩小时随后进行并购决策行为的概率会更高。以上支持了 CEO 赌场盈利效应对于并购决策形成的影响。同时，在面对更高的并购决策可模仿密度时，CEO 在绩效与期望的正向差距缩小时做出并购决策行为的概率会增加。总体来说这些研究证实了研究假设 H1a、H1b、H2b、H3b 基本都得到了支持。

我们通过研究结果得出的研究结论在于，面对绩效与历史期望的反馈 CEO 形成了损失厌恶、赌场盈利效应以及模仿性行为过程，这些过程促使 CEO 在个体决策的形成阶段面对绩效与期望的差距反馈形成了并购决策的提议。正如 Kim 等（2015）的研究结果一样，企业历史期望与绩效之间的差距与随后的并购行为之间有显著的相关关系，但是这些绩效反馈带来的企业行为结果并不一致，可能在于 CEO 对各种期望反馈的反应并不均等。并且绩效与期望差距会引起 CEO 的哪些反应从而愿意承担风险决策的意愿并不均等。如同 Kuusela 等（2016）在研究中所指出的，尽管绩效与期望的差距可能引起问题搜寻的决策，但是会朝着哪一方向决策呢？绩效下降并不能被简单地视为一种引起承担风险性决策或变革性决策的驱动因素，组织在面临绩效落差时如何形成自己的决策行为方向需要从高管的决策层面进一步解释。我们的研究表明，形成决策方向的过程可能在于 CEO 面对绩效反馈的反应不同。首先，绩效与期望差距的正向反馈和负向反馈引起了并购决策的搜寻和提议形成。相对于中国情景而言，张远飞等（2013）的研究认为，在我国企业中，富则思安、富不进取的现象普遍存在，反映在企业中表现为高于历史期望的企业选择风险性和变革型决策的概率在减小；反之则反。其次，企业在高于历史期望时较少选择并购决策，仅仅当企业面临的财富水平不断下降时，开始增加并购这种风险性决策行为。这一结论与既有战略变革的研究一致，但我们认为，企业出现这一现象的根源在于绩效反馈引起了 CEO 决策者的心理过程变化，即损失厌恶的形成，而并不是绩效本身引起了决策行为。连燕玲等（2014）的研究认为，随着组织绩效与期望的落差变大，为规避潜在的损失，组织会选择加大战略调整力度，也即选择更大的风险性决策。这些结论与本书的研究相似，绩效与历史期望的差距引起了 CEO 作为决策者的风险态度变化，而由于对损失规避更为敏感，因此，在负向落差时这种损失厌恶的心理过程会促使 CEO 在损失位置选择这种风险性决策。

在本书的研究结论中，尽管绩效低于历史期望或者高于历史期望的差距缩小引起了损失厌恶，但是随后的并购决策仍然建立在已有的财务资源基础上，尤其是对于绩效低于历史期望的企业而言，只有那些差距较小的企业更愿意进行并购决策，因为扭转的可能性更高，从而对于企业绩效反馈而言，高于历史期望水平过高，或者低于历史期望水平过低，都形成了对于并购决策的不敏感区域。如图 3 - 1 所示。

在图 3 - 1 中，根据研究数据，CEO 面对绩效反馈时，当绩效高于历史期望水平的差距逐渐缩小时，CEO 由于损失厌恶以及维持高绩效水平的“红皇冠”效应倾向于增加并购、承担风险。但是当绩效高于历史期望水平较高时，组织松懈的作用开始显现，如果 AboveAspiration 高于 b，则组织从松懈资源中获得了足够的收益，倾向于保持财富的安全性。当绩效低于历史期望水平时，由于损失厌恶的存在，组织更倾向于承担风险性决策，但是由于财务资源的限制，出现了只有财务资源相对较好的低于历史期望的企业更容易形成并购，同时低于期望水平较低的企业更容易通过风险性决策扭转损失，因此，形成了左边的低于期望水平越低，随后的并购行为越高的关系图。当低于期望水平过低时，如低于 a，则组织会由于资源限制等原因，形成负松懈。

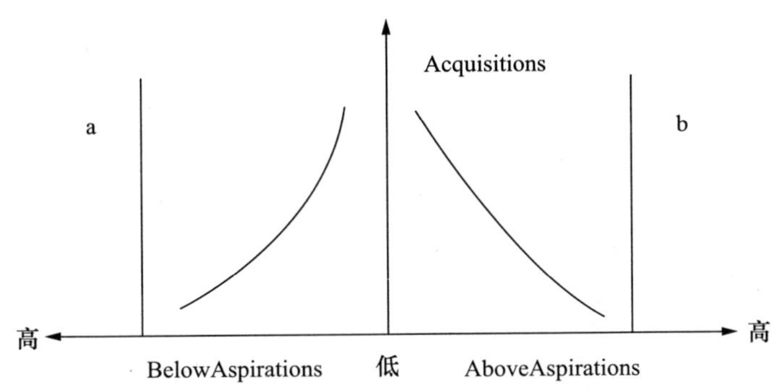

图 3－1　绩效和期望差距与企业并购决策形成的关系

我们进一步的研究结论在于赌场盈利效应在调高 CEO 面对绩效落差问题随后做出并购决策的可能性，在绩效反馈与并购决策形成之间发挥了正向调节作用。赌场盈利效应假说认为，个体决策者之所以选择风险性决策的重要原因是前一阶段获得了赌场行为的收益，从而倾向于使用赌场冒险得到的钱继续进行冒险。Haleblian 等（2006）认为，过去的绩效会促使企业坚守目前使用的战略，对于并购决策而言，由于属于资本市场的战略，并购绩效在大多时候反映为企业在资本市场上的股票收益，因此从这一角度而言，一旦企业过去在资本市场中获利，CEO 就会提高他们继续选择并购的概率；反之，如果在资本市场上受到了损失，CEO 可能会变得更为谨慎。企业行为理论中的一个重要内容在于组织学习，如果个体决策者在以前积累了相当的经验，那么他们就会认为组织目标将会适应这些经验，从而做出与组织经验相关的目标。例如，在最新的研究中表明，企业过去的并购经验越多，企业后续做出并购决策的可能性会越高（Nadolska & Barkema，2014）。本书的研究支持了在正向差距时赌场盈利效应的存在。

研究假设 H2a 没有被显著支持，即在负向差距时，赌场盈利效应则并不显著，企业更可能保持现有财富的安全性而不进行并购。产生这一结果的原因可能在于，面对绩效负向差距时，CEO 对待以前的财富积累反而可能更谨慎，因为损失掉以前的财富会更为痛苦，并且，在经历长期的困境或者疲劳之后，CEO 个人或企业主体反而更关注于眼前的利益。而已有研究表明，在并购决策中，在面对绩效的负向差距形成的损失位置时，当经历了资本市场负向超额回报之后，损失厌恶以及风险规避可能表现得更为明显（Kumar et al.，2015），这些研究解释了研究假设 H2a 不显著的原因。这一结果表明，企业资本市场的超额回报与其绩效反馈的交互在两种变量均为负向反馈时，会产生明显的损失厌恶；在两种指标均为正向反馈时，更易形成赌场盈利效应。而对于 H3a 而言，可模仿密度对于绩效反馈下是否并购有明显的诱导性，但是在继续增加并购数量方面显然绩效较弱的企业没有资源执行更多的模仿性决策，此时社会资本和资源更好的企业反而更容易受到从众行为的影响（Pillai et al.，2017），这些研究解释了 H3a 在 Piosson 回归模型中不显著的部分原因。

本书的研究结论还包括了 CEO 所面临的并购决策可模仿密度将提高绩效反馈问题下 CEO 随后形成并购决策的可能性，可模仿密度也在绩效反馈与随后的并购决策中起到了决定并购决策方向的调节作用。对于模仿性行为过程而言，我们的研究证实了其他类似的企业选择并购决策对于现有企业的影响，尤其在进行并购决策时的作用更为明显。事实上在面临绩效与期望的差距问题时，个体决策者最节约决策成本的方式在于模仿与跟随。模仿性在战略管理中被广泛地用于制度模仿和跟随战略，事实证明，模仿行为会使当前企业选择主流战略比不选择这种战略获益更多（Wu & Salomon，2016）。而且，在个体决策者并不知道面对问题时如何形成自己的决策方案和决策框架以及随后的决策价值评估时，往往会参照身边的同行企业的做法。有关模仿行为对于决策行为的研究认为，个体在面对意外和模糊的目标时，或者不明情况时首先会有主观判断，且主观判断是建立在参照身边人做法的基础上（Darley & Latane，1968）。在企业行为理论有限理性的视角下，模仿行为最大程度地节省了决策过程中的信息搜寻成本，可模仿密度意味着企业 CEO 在决策过程中捕捉到了有相当数量的企业共同承担了这种风险决策的信息，从而弱化了风险责任失败带来的内疚感。结合本书的研究结果，这表明了模仿行为对于绩效差距下采用并购决策起到了明显的正向调节作用。

在本书的研究结论中，由于区分了是否进行并购决策以及随后进行并购决策的数量，因此在这两种不同的模型中，研究结论还显示了一些不同的差别。例如，对于模仿效应而言，在模仿效应对于并购决策数量的 Poisson 回归模型中，正向差距与模仿效应的回归系数及符号与负向差距的交互项符号明显不同，组织选择更为安全的决策在绩效较好的企业中形成一种场域，这与并购绩效正向差距形成的原因一致，即“红皇冠”效应，为维持高水平的期望，这些企业在相互比拼并购竞争。但是在负向差距时损失厌恶与模仿性几乎在相互替代。企业行为理论认为，组织无法在一次决策行为中达到最有效果，因此，组织决策是一个在调整过程中不断学习的过程（Cyert & March，2008），组织很少在松懈区学习，只有期望差距的问题出现之后，才加快了学习的过程，并且容易选择最节省信息搜寻成本的那一种，如模仿。

四、本章小结

综上所述，本章的研究结论表明，在面对绩效与期望的差距反馈时，CEO 的反应影响了并购决策提议的形成，这些行为过程在塑造企业并购决策提议形成时发挥了重要的作用。建立在企业行为理论的基础上，CEO 的反应行为在促成问题搜寻决策形成的方向，而由于决策主体的多重性与分阶段性，在决策提议的形成阶段，CEO 面对绩效与期望差距的反馈过程中，有损失厌恶、赌场盈利效应与模仿性反应共同塑造了并购决策提议的形成，在解释了绩效反馈引起的决策搜寻在企业之间的差异性。我们认为这些结论对于企业并购决策与企业行为理论是一种新的发展。

第四章　董事会基于绩效反馈的反应对并购决策完成的影响

本章主要讨论并购决策主体中的董事会面对绩效反馈的反应，进而对于并购决策完成的影响。在已经形成的并购决策提议后，董事会对并购决策提议的最终完成可能起到重要的影响作用，不论是面对绩效正向反馈形成的决策提议，还是面对绩效负向反馈形成的并购决策提议。

根据代理理论，已有有关企业决策框架的分析基础，企业决策在由CEO主导进入董事会决策屋之后，决策主导权开始让渡于董事会，面临董事会主导的群体决策阶段，如董事会的筛选、监督等。因此，组织决策主体对于绩效反馈的反应，除了CEO之外还有董事会。我们需要沿着决策分析框架继续进入董事会决策屋内，讨论董事会面对绩效反馈的反应在形成并购决策过程中的作用。在本章，我们将要重点讨论在绩效与期望差距引起的并购决策的关系中，董事会所扮演的重要角色。

本章内容仍然主要分为三个部分：第一节为有关董事会基于绩效反馈反应的理论分析与研究假设；第二节为研究设计与研究方法，包括了研究变量的选取与设计、研究模型的构建以及研究方法使用的介绍；第三节为实证结果与研究讨论。

第一节　理论分析与研究假设

近年来，企业行为理论在解释组织为什么会选择高风险性战略方面成为有吸引力的研究理论，组织决策者会依据组织过去的绩效和与组织相关的同行业绩效对自己的目标形成一种期望参照点，随后对绩效高于和低于期望水平做出反应，以做出问题搜寻决策，通常是高风险决策用以解决当前的问题（Augier & March，2008；Gavetti & Greve，2012）。

尽管在上一章中，我们围绕 CEO 基于企业行为理论中绩效反馈引起的问题搜寻机制解释了企业并购决策的形成，但事实上，现代企业的决策主体是多重的，董事会内决策程序的主体包括了董事会与 CEO，在企业决策框架中分享了决策权力，因此，这些多重的决策主体可能会联合影响企业面对绩效反馈的决策（Gaba & Joseph，2013）。

在企业行为理论中，未解决的冲突被认为始终存在，企业决策的主体行为准则的形成与这些给定的未解决的冲突环境，而非传统的代理理论框架所设定的一样，企业能够通过契约和机制有效地解决多重决策主体的冲突，代理人会在委托人与代理人事先签订好的契约内履行行为。企业决策始终面临着需要谈判的环境，决策的多重主体需要不断地谈判和形成政治联盟来达到一致，而非在给定的职能机制内形成行为规则。已有公认的会在决策过程中与 CEO 在一定条件下产生冲突的联盟群体是董事会（Dalton et al.，1998；Zona et al.，2013）。因此，在董事会基于绩效的反应中，董事会在这一过程中的行为规律将形成于董事会构成的基础上，影响绩效反馈下并购决策的形成，而不仅仅是给定的职能机制。

近来的研究表明，在面临企业绩效下降的问题时，董事会在决策过程中所起到的作用越来越重要。企业绩效的下降会促使董事会主动加强对于

CEO 的监督（Krause，2014），同时，CEO 也有可能会主动加强向董事会进行咨询（Dowell et al.，2011；Tuggle et al.，2010），这些研究均说明在面对绩效反馈时，董事会的反应行为对于决策的重要影响。除了给定的职能机制外，董事会的反应行为还依赖于董事会群体所构成的决策环境。因为，在企业决策过程中这些未解决的冲突会促成企业决策的多重个体在决策程序中形成政治联盟，组织会依据这些政治联盟形成的政治规则进行决策。

在企业决策过程中，经历 CEO 的决策提议之后，董事会并没有重新进行决策方案的组合，而是仅仅接受或拒绝某一决策方案（Krause，2014），董事会在这一过程中的规律会受到董事会能力差异的影响，董事会反应将建立在给定的信息反馈和能力构成的基础上，形成一种恰当性的决策，不同企业董事会对于决策支持的程度显然有所区别。因此，我们将借助董事会能力差异的基础，回答本章的研究问题——董事会基于绩效反馈的反应如何影响并购决策？

依据企业行为理论，作为企业的决策主体之一，有研究认为决策行为由 CEO 完成，CEO 在面对绩效与历史期望的差距增大时，会选择增加并购决策来应对这一问题（Kim et al.，2015），如同上一章，形成并购决策提议。但董事会不同于 CEO 个体，董事会是群体决策者。尽管仍然遵循企业行为理论下问题搜寻决策，以及反馈—反应的决策过程，但在面对绩效反馈时，还会受到董事会构成的环境形成行为规律，董事会对于决策影响可能依赖于董事会的构成。

董事会群体对于绩效反馈的反应不同于 CEO 个体，在不同企业之间董事会行为规律有明显差异化的特征，原因在于董事会能力的构成基础不同（Nadolska et al.，2014；Hillman，2003；Hambrick et al.，2015）。尽管在面对绩效波动时，研究发现了董事会会通过职能加强与 CEO 之间的联系，如咨询职能以及监督职能（Dowell et al.，2011），但是并不清楚这些职能在多大程度上对企业随后的行为结果产生影响。产生这一问题有两种原因，首先在于董事会的整体职能和特征不同，有大多数研究据此发现董事会的基本特征，如结构、独立性等对于企业行为结果的影响是不一致的甚至模棱两可（Krause et al.，2014；Sundaramurthy & Lewis，2003）。其次董事会行为效果的决定因素在很长时间内没有被充分探讨（Hambrick et al.，2015），导致董事会究竟会形成什么样的行为效果缺少分析的基础（Khanna et al.，2013）。这表明，除了给定的职能机制外，董事会的行为规律形成于自身的构成，这对于董事会随后的决策行为结果将是一种有力的预测。

正因如此，董事会会形成什么样的行为反应在近年来的解释和理解框架中开始强调董事会构成的属性特征与随后行为之间的关系（Hambrick et al.,2015）。有关战略领导层面的研究开始越来越多地尝试建立一种理解的框架，就是董事会及其团队的属性构成会影响随后的行为与决策。自Hambrick 和 Mason（1984）提出高阶团队理论开始，强调了高管属性对于决策信息选择的重要性，使用背景特征作为这些属性的指示，用以解释企业战略决策者如何以及为何陷入到一种行为中，这一视角被认为在解释董事会的行为过程中具有极大的潜力。

例如，尽管有证据表明有些行为会限制企业利益，如并购，频繁的并购会导致企业绩效与回报的下降，但是企业决策者还是在追求并购行为，原因在于决策团队中 CEO 属性特征中的过度自信与自恋等（Malmendie & Tate，2008；Chatterjee & Hambrick，2007；Agle et al.，2006）。董事会团队的属性及其构成同样影响到董事会团队如何看待他们的目标以及采用何种战略方式来实现这些目标，也有可能会影响到人们如何评估他们对自己企业的战略选择，以及采用什么样的行为来实现和追求这些选择目标。这些都被认为会塑造企业的战略决策过程。

在此基础上，董事会资本作为董事会构成和董事会能力属性的重要研究成果，形成了分析董事会行为的重要基础。董事会资本解释了不同企业董事会与董事会之间的内在区别是形成企业战略竞争优势的重要资源之一，度量了不同企业之间董事会为企业提供资源能力的区别（Haynes & Hillman，2010），以及董事会会形成什么样的行为效果的差别（Khanna et al. ,2013)。

董事会资本弥补了有关董事会的研究中企业董事会之间的行为能力差异。Hillman 和 Dalziel（2003）等的研究认为，董事会行为主要分为董事会监督行为和董事会的咨询行为，这两种行为的归属来源于对代理理论和资源依赖理论的梳理。尽管代理理论界定了董事会的监督和制约 CEO 的行为机制，但是忽略了这一行为在董事会能力之间的差异；同样，资源依赖理论界定了董事会为企业提供资源这一行为职能，也忽略了董事会提供资源能力的差异。因此，有关董事会资本的研究认为，董事会资本是构成董事会的行为能力差异资源的基础，并将董事会资本分为董事会人力资本以及董事会社会资本。董事会社会资本代表了董事会成员在企业内外部的联系，以及这些联系所带来的潜在资源组合；董事会人力资本代表了董事会成员共同带给企业的决策技能、知识、经验的集合。从而，董事会资本的差异性代表了董事会在提供资源与信息技能方面能力的不同，因此，形成了董事会行为差异的基础，如图 4 - 1 所示。

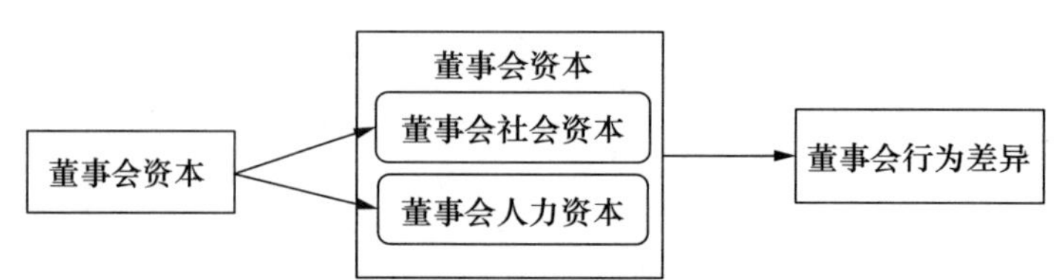

图 4 - 1　董事会资本与董事会行为差异

资料来源：根据 Hillman（2003）董事会资本整理。

根据图 4 - 1，董事会资本被分为董事会社会资本和董事会人力资本，因而从董事会与组织内外的联系性形成的资源差异，以及董事会在组织内部为企业提供决策信息和技能合集两个角度形成了董事会在提供资源和信息技能方面能力的差异，这可以作为随后董事会行为差异的基础。

本书将董事会资本理论运用于企业并购的完成过程中，事实上，董事会资本理论在国内已经被运用于其他的决策方面，并得到了支持（周建等，2013，2010）。参考 Haynes 和 Hillman（2010）等和国内研究关于董事会资本的构建，在企业并购行为中，董事会社会资本主要表现为董事会的连接性为外部董事带来的额外经验与信息处理能力，即连锁董事的社会资本。依据资源依赖理论，董事会需要为企业带来更多的资源和咨询，董事会作为企业与环境连接的主要资源路径，会在更多除了本企业之外的组织担任职务，如在其他董事会担任董事的成员。此外，董事会人力资本的研究认为，董事会需要对 CEO 的行为做出有效的监督以及咨询，这取决于董事会成员自身的决策判断能力、经验、教育背景等人口统计学特征，从而体现出了董事会的异质性。同样将董事会人力资本运用于并购决策中，在面对并购决策自 CEO 提议形成之后，董事会在决策程序中并非集体性地形成有效的高水平决策，而是在接受和拒绝 CEO 形成的决策方案，对于董事会人力资本而言，董事会资本的异质性并非遵循越多越好（More is Better）（Ployhart & Moliterno，2011）的原则，而是在多大程度上与 CEO 属性的不同从而形成对于 CEO 决策的差异性，更能反映出董事会在决策过程中所表现出的职能效果。因此，首先，董事会人力资本需要转变为董事会与 CEO 之间的异质性。

其次，在有关董事会资本与董事会行为的研究中，最近的研究表明，董事会行为能力在企业之间的差异取决于能力与动机两种属性（Hambrick et al.，2015）。即使具备了代表董事会能力基础的董事会资本，董事会行为在企业之间的差异的另一重要构成要素还取决于董事会被激励的程度。即董事会行为差异 = 董事会资本 × 董事会动机强度，而董事会动机强度主要体现为董事会被激励的程度。因此，在本章中，除了董事会资本之外，本书还加入了董事会被激励程度作为董事会能力差异的内容，以此来反映董事会对于绩效反馈下并购决策形成的不同影响。

综合以上内容，我们将董事会资本与董事会被激励程度综合为董事会资本构成的基本内容，认为董事会行为差异将受到董事会资本构成的塑造。如图 4 - 2 所示。

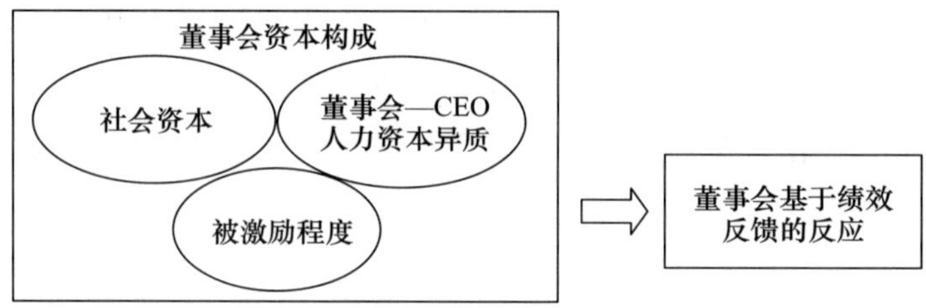

图4－2　董事会资本构成

资料来源：根据董事会资本及董事会行为效果因素整理。

根据图4－2和前述理论基础，董事会构成成为衡量董事会行为差异的基础。本书将上述理论运用于董事会基于绩效反馈对并购决策的影响，即并购决策形成过程，来探讨董事会在绩效反馈形成的并购决策中的反应。根据董事会资本构成的内容，董事会对于绩效反馈下并购决策的反应形成于董事会资本与董事会被激励程度。因此，本章将以董事会社会资本、董事会—CEO人力资本异质性以及董事会被激励程度作为董事会构成的三个基本内容，分析董事会面对绩效反馈所形成的并购决策时的反应。

一、董事会社会资本对绩效反馈形成并购决策的影响

在将董事会行为能力在企业之间的差异做董事会资本区分之后，Haynes和Hillman（2010）使用了董事会资本的深度与广度度量了董事会人力资本和董事会社会资本，为董事会社会资本与董事会人力资本提供了模型参考。在董事会资本模型中，董事会社会资本在很大程度上表现为董事会中的连锁董事（Interlock Directors），即董事会中在其他企业董事会同时任职的董事，为董事会所提供的组织之外的资源。董事会社会资本的增加使董事会面对绩效反馈下并购决策的形成起到更为积极的支持。支持这一假说的理论有如下三个方面：

首先，董事会社会资本的增加，尤其是连锁董事的增加使得董事会在面临并购决策问题时更容易克服决策过程中的复杂性，降低了信息搜寻成

本从而提高了并购决策完成的效率。企业行为理论认为，在面临绩效与期望差距的波动时，组织通过这一反馈发现问题，从而引起决策行为，如并购。从企业行为理论的角度而言，决策行为是为了解决出现的问题而产生的，企业解决复杂问题的能力决定了在面对绩效反馈形成并购决策时，董事会能够为决策过程带来多少帮助。

在企业行为理论中，面对问题搜寻决策形成时，一个重要的影响因素在于解决复杂问题中信息搜寻成本的存在。McDonald 等（2009）认为，一般情况下，复杂决策完成有两种方式：分别为应用问题主要方面的抽象知识来识别和选择解决问题的方法；引用类比推理，这会包括以前他们遇到的相关挑战和困难的例子，从中找到有效的解决方法。

如果董事会拥有更多的经验和有效类比的例子，如连锁董事，那么运用类比推理的方法解决并购决策中的问题显然更为有效。如果没有相似的例子作为参考，由于连锁或兼职董事拥有更广泛和有效的组织抽象知识（Organized Abstract Knowledge），他们会通过抽象类比来完成复杂决策。这些过程包括：①准确的定义问题；②识别一系列可能的解决方法；③从中选择一个最有效的。这一过程的完成，相对于没有额外组织类比经验的董事而言，拥有更多社会资本的董事会要完成得更为高效。从而，董事会社会资本的增加，如连锁董事的增加，更有可能在解决复杂问题时体现出效率性，也可能有效地降低信息搜寻成本。

其次，董事会社会资本的增加使董事会拥有更多的经验，使他们善于处理信息过量和时间限制问题，从时间上提高了并购决策的效率。企业并购决策是复杂的问题，在决策中处理复杂问题时，常常面临信息过剩以及时间限制两个主要问题。

连锁董事是市场选择的结果，代表了很高的董事声誉，通常被认为是董事中的专家，很多文献一味地强调外部董事在决策控制中发挥的作用是对决策的拒绝或者筛选，但是 Westphal（1999）、Hillman 和 Dalziel（2003）等认为外部董事在战略决策完成中发挥的作用更广泛。例如，外部董事可能会主动提交并购目标书而不是仅仅否定或接受来自管理层的议案。原因在于，拥有更多社会资本的董事会，拥有更完善和有效地组织抽象知识的能力，能够更有效率地识别哪种类型的信息有意义。

已有研究证明专家所拥有的组织抽象知识的能力更强，在完成决策的同时会极大地提高速度和准确性。拥有更广泛的组织抽象知识更易于评估长期战略的应用，善于运用理性类比来帮助其找到高质量的解决问题的方法而避免选择失败，从而有效地克服了信息过剩的难题。

研究认为，快速有效地解决并购决策的问题至少需要以下信息：①目标公司资源和能力的细节知识；②评估并购目标公司的信息会随着行业变化而不同；③调查并购交易的能力随着行业而变化。拥有更多社会资本的董事会对战略选择拥有较好的识别能力，而且在做决策分析时心理上会有更多的比较样本和例子。董事会社会资本的增加，使得董事会拥有更多不同的并购经历，积累包括大量并购类型的专家技能，在应对新的挑战时，经验能够帮助决策者快速地解决问题，从而董事会社会资本的增加在帮助董事会制定和完成战略决策时节省了时间。

最后，董事会社会资本的增加意味着董事会的繁忙程度（Overboarded）增加，从而使董事会在面对问题时更偏重于咨询职能，为并购决策提供了更多的支持。董事会社会资本意味着董事会成员中有更多的董事拥有除了本企业之外的董事身份，在董事会的研究中，这些董事被称为繁忙董事和繁忙董事会（Busy Board），繁忙董事被认为缩减了董事的监督时间，从而使董事会的监督职能被弱化，这些研究从监督的角度说明了董事会社会资本的增加，即繁忙董事的增加对于董事会的监督有弱化作用。例如，繁忙董事有较少的董事会会议出席率（Jiraporn et al.，2009）、繁忙董事会出现了更高的 CEO 薪酬（Andres & Lehmann，2010）。这些说明，繁忙董事会缩减董事履行职责的时间。

董事会监督职责的削弱在繁忙董事中意味着董事会能够从繁忙中获得更多的额外资源和知识技能，因此，繁忙董事会监督弱化的另一面在于咨询职能的强化（Faleye et al.，2011；Field et al.，2013）。Harris 等（2004）的研究成果发现，繁忙董事是帮助董事会获取高并购绩效的一种重要知识和技能资源。Field 等（2013）研究发现，风险投资支持的企业在 IPO 过程中，会明显从繁忙董事的经验、资质、网络连接位置中受益。Benson 等（2015）的研究发现，对于企业并购而言，当目标公司中拥有更多数量的繁忙董事，则他们更愿意谈判好交易以保护股东的财富，原因在于，繁忙董事更在乎声誉激励的作用，相对而言，促成更多的并购事项意味着他们积累了更多的经验和声誉。同时，这一研究还发现了，繁忙的董事 CEO 在并购决策过程中对于并购调查更为谨慎以及更具有经验，会降低并购溢价，促进了并购决策的顺利进行。

正因如此，企业为繁忙董事安排职位，并不是职位的需要，而是要从他们潜在的资质和经验中获取收益（Fahlenbrach et al.，2010）。在并购过程中，社会资本的增多将使企业董事会的职能偏向于利用更多的经验和资源，而不是严格地履行监督义务。

综上所述，董事会社会资本的增加代表了董事会从其他企业获得了更广泛而有效的组织知识与技能，这些知识与技能在应对绩效反馈形成并购决策时，能够为绩效反馈问题的解读节约更多的信息搜寻成本，提供复杂问题解决的方法，在并购决策过程中使董事会职能更偏重提供咨询，从而为提高企业并购决策的效率提供了更多的帮助。因此，我们提出如下研究假设，为了区别董事会社会资本对绩效正向差距下并购决策的支持以及对绩效负向差距下并购决策的支持程度，研究假设被分为如下两个假设：

H1a：当绩效低于历史期望差距越小时，企业随后并购决策行为的增加会在董事会社会资本增加时得到提升。

H1b：当绩效高于历史期望差距越小时，企业随后并购决策行为的增加会在董事会社会资本增加时得到提升。

二、董事会—CEO 人力资本异质性对绩效反馈形成并购决策的影响

在企业董事会资本研究中，董事会人力资本表述为企业董事成员的教育背景、年龄、职业背景、任期等人口统计学特征的异质性，这些属性特

征代表了企业董事会成员为企业提供咨询能力、资源能力和监督能力的程度。同时，董事会资本的异质性也为董事会的行为规律提供了分析的基础。

在已有董事会团队异质性的研究文献中，认为异质性的团队更愿意分享相互的并购经验（Knippenberg et al.，2004），会在团队内部形成广泛的争论。通过这些争论从相互之间获取更多的有关并购经验的信息，异质性较高的团队在讨论前一期的并购事件经验是否能够运用于下一期并购决策中时，会导致董事会花费更多的时间在前一期并购实践中的观点、技巧和惯例对于下一期并购决策的适用性（Nadolska et al.，2014）。Haleblian 和 Finkelstein（1999）认为，在异质性较高的团队中，误解以往并购经验并错误运用的概率会很低，这将使异质性的团队能够更为充分地解构以前的经验，从而提高并购决策的成功性。

但同时，这些相对同质性董事会团队从并购决策形成的过程而言会意味着更长的学习过程，异质性特征对于绩效反馈和以往经验信息这种充分结构的特征虽然可能会提高并购的成功性，但是从所花费的时间上来看可能在降低企业进行并购的数量。因此，董事会团队异质性在绩效反馈下并购决策的形成过程中，可能会促进并购的成功性，但是会降低并购决策的频率。支持这两组假设的理由如下：

首先，异质性的团队形成了更为持久而充分的学习过程。在企业行为理论中，组织决策被设定为一个有限理性的适应过程。组织会在不断的问题反馈中作出调整，直至适应这些问题，这一过程在行为理论中被设定为学习的过程。在有关董事会及学习理论的研究中，组织学习过程是一个错误侦探和纠正的过程（Argyris & Schon，1978）。这一过程包含了整合团队已有的旧知识和经验，分享已有的独特知识，如并购经验是组织学习的第一个过程。然而，检索、分享和讨论信息的过程不仅依赖于个体已有的经验、知识和记忆，还依赖于在组织内部的社会互动（Larson & Christensen，1993）。从有关信息与决策的视角看，团队异质性是在群体组织内部使信息精细化的一个重要因素。在围绕组织任务为中心的决策议题方面，群体组织通过交换、讨论和整合已有观念实现这一过程（Van Knippenberg et al.，2004）。研究表明，长期暴露于不同的知识和经验中，是个体和集体进行学习的一种必要基础，因为一些特别而杰出的想法常常起源于对抗性以及整合分散的资源和知识的过程中（Van der Vegt & Bunderson，2005）。和不同类型的人交流，通过让单个个体暴露于不同的知识、观点和资源中，更容易促进组织群体性的学习效率。

其次，异质性团队对以往经验的利用更为高效。由于在异质性团队中，信息精细化解构的程度增加，增强了团队整体对于错误的识别和侦察能力，从而减少了上一经验错误运用于不同背景下的概率（Ferrier & Lyon，2004；Hambrick & Canella，2009）。随着以往并购经验的增加，以及绩效反馈带来的组织调整过程，异质性的组织会积累更多充分结构信息的能力，从而形成更丰富的理解信息能力。就董事会与 CEO 的职业背景异质性而言，它增加了董事会团队在决策过程中的充分学习能力以及信息解构能力（Elaborate on Information），这一过程包含了信息的整合、交换以及面对绩效反馈对于决策信息的搜寻。异质性的职业背景意味着不同的技能、观点以及评估投资的方式（Barkema & Shvyrkov，2007），出生于不同职业背景的人评估潜在投资价值的方式明显不同。例如，工程师对于并购可能集中于制造提升方面，律师可能集中在合规方面，管理层集中在组织或财务方面。这些不同的关注点对于并购决策的评估可能更为精细，对于以往经验的估计也更为充分。因此我们认为，董事会人力资本异质性会提高并购决策的成功性。同样，为了区别董事会人力资本对绩效正向差距下并购决策的支持以及对绩效负向差距下并购决策的支持程度，研究假设被分为如下两个假设：

H2a：在绩效与低于期望的负向差距缩小形成并购决策时，董事会与 CEO 人力资本异质性会提高并购决策形成的概率。

H2b：在绩效与高于期望的正向差距缩小形成并购决策时，董事会与 CEO 人力资本异质性会提高并购决策形成的概率。

研究假设 H2a 与假设 H2b 认为，董事会与 CEO 之间的人力资本异质性会形成更为充分的并购决策学习过程和信息结构过程，因此，更容易成功完成一次并购决策。由于这些异质性影响了团队讨论、翻译、解构绩效反馈信息以及以往的并购经验信息的过程，所以影响了并购的成功性。这一过程同样会影响团队形成并购决策的速度，从而减少了随后并购决策形成的数量。支持这一假设的理由如下：

首先，相对于同质性的团队，异质性的团队由于在赞同某一决策过程中出现更多的发散观点，使得赞同的过程不会变得迅速。Phillips 等（2004）认为，同质性的团队由于缺少不同的争论以及信息交换的过程，将在决策过程中迅速地达成一致。相似的背景、年龄和任期经验使在对待某一决策时差异性的信息、观点交换很难形成（Wiersema & Bantel，1992）。而且，同质性的团队会过于关心整体一致性的维持，从而较少地产生批判他人观点的过程（Finkelstein & Hambrick，1996），这样的团队对于以往信息反馈的解读接近一致，由于对于信息缺乏更为广泛的解构，以及更为深刻的理解和学习过程，将很快就同意 CEO 形成的决议，从而形成较高频数的并购决策，而异质性则恰恰相反，会降低随后的并购频数。

其次，异质性的团队更容易在对以前的经验学习使用中发现错误，从而使决策过程争论的时间更长。研究认为，异质性的团队对于过去经验的学习更为充分，会减少过去的惯例和经验被自发转移到不同情境中的惯性思维（Finkelstein et al.，2009），因此对于并购决策而言，异质性的团队对于过去的并购经验信息解剖得更为详细，导致更为广泛的讨论。对于企业董事会而言，异质性意味着不同的学历和经验，这影响了结构精细化信息的能力，也影响了信息整合和反馈的过程。学历和经验的不同都会影响董事会团队如何解释过去的绩效反馈，以及过去的经验转移到下一个并购决策的过程。董事会异质性的另一表现在于团队成员任期的异质性，这意味着董事会成员在经验、网络位置和观点方面形成的时期不同。相对而言，任期较长的成员更清楚过去的并购中董事会在哪些方面做得更好，容易形成组织内部的视角；任期较短的成员相对于任期更长的 CEO 而言可能并不清楚过去的并购事件，但是他们更清楚目前的并购事件，从而从一个更低水平的视角上，以及外部连接性的视角上贡献自己有价值的意见。这种内部与外部视角的交换对于信息解构和共享更为有利，但是也会导致更为持久的团队决策争论过程。

综合上述观点，由于与 CEO 异质程度更高的董事会团队在并购决策的信息解构，以及学习过程中对于以前并购经验解构得更为广泛和充分，也容易从不同于 CEO 的组织外部视角对于并购决策引起更为充分的争论。以上这些表明，与 CEO 异质性程度更高的董事会需要花费更长的时间来同意 CEO 的并购决策方案，以及在决策过程中达成一致（Michel & Hambrick，1992；Wiersema & Bantel，1992）。因此，与 CEO 异质性更高的董事会团队比同质性团队会花费更长的时间同意并购方案，从而减弱绩效反馈下并购决策的频数。同样为了区别董事会人力资本对绩效正向差距下并购决策的支持以及对绩效负向差距下并购决策的支持程度，研究假设被分为如下两个假设：

H3a：在绩效低于期望的负向差距缩小形成并购决策时，董事会与 CEO 人力资本异质性会降低随后形成的并购决策数量。

H3b：在绩效高于期望的正向差距缩小形成并购决策时，董事会与 CEO 人力资本异质性会降低随后形成的并购决策数量。

三、董事会被激励程度对绩效反馈形成并购决策的影响

影响董事会基于绩效反馈对并购决策反应的一个重要因素在于董事会被激励的程度。在面对绩效下降时组织所作出的并购决策，能够影响董事会积极地维护股东利益，从而在决策中发挥作用的一个重要因素在于，董事会的个人利益是否会受到 CEO 决策行为的影响。董事会利益与股东利益的一致程度代表了董事会在多大程度上愿意代表股东的动机和意愿（Hambrick，2015），当董事会团队持有较多的股票收益时，董事会代表股东审视管理层提出的决策议案的动机会明显加强。在代理理论的基本假定下，董事会受股东委托对于经理人的行为进行监督，以减少 CEO 的代理问题（Jensen & Fama，1983），董事会成员在一般情况下领取固定薪酬，其个体

收益与企业绩效无关，能够最大程度地保持风险中立态度。但是，当董事会团队持有一定程度的股票薪酬后，成为决策后财富的直接受益者或者损失者，因而在面对绩效差距的反馈形成并购决策时，对于风险的识别和财富安全的保护将更为敏感。

在面对绩效反馈下并购决策时，持有股票薪酬的董事会在面对绩效与期望正向差距逐渐减小，形成并购决策时，会减弱决策概率的形成，以此来保护已有股票财富的安全性避免风险。而在面对绩效与期望的负向差距时，也会出于与 CEO 风险偏好不同的态度，并不一定形成完全的损失厌恶，从而仍然可能减少并购决策概率的形成。支持董事会持股会减低企业并购决策的理由如下：

首先，董事会持股增加了董事会与股东利益一致的程度，从而提高了对于风险性决策的监督动机。董事会作为股东的代表，其受托责任在于保护股东财富的安全性，当董事会持有更高比例的股票时，面对绩效与期望的反馈形成的并购决策过程，董事会更深入的介入和更为严格的监督职能会导致并购决策的形成速度加慢。Schwartz - Ziv 和 Weisbach（2013）的研究发现，在董事会决策中，尽管董事会具备和 CEO 一样的企业决策形成能力和经营管理能力，以及对于 CEO 的监督能力，但董事会并不发挥管理者的决策作用，而是将几乎所有的经历投入到了监督 CEO 的经营行为中，即使是在这一监督过程中，董事会只有 2.5% 的概率在否定 CEO 的提议。由于董事会与股东的利益一致性程度增加，使股东从董事会的获益性程度增加，因为董事会在评估 CEO 形成的并购决策提议时会更加地小心谨慎（Sundaramurthy & Lewis，2003），而 CEO 也需要在并购决策提议中补充更多的视角来通过董事会的筛选程序，这使并购决策形成和通过决议的过程加长，从整体上减弱了并购决策的形成趋势。

增加董事会持股加强了董事会对咨询建议职能的履行，使得董事会团队对于并购决策和绩效反馈信息的结构更加精细化，基于精细化学习理论，也同样缓慢了并购决策形成的过程。McDonald 和 Westphal（2003）等认为，当企业绩效低于历史期望时，持有更多股票薪酬的董事会更愿意提供建议给管理层，尤其是在引起意见争论时。在有关并购决策战略中，企业更愿意利用董事会的咨询职能（Faleye et al.，2011），提出并购决策议案的董事会几乎很少愿意与监督性更强的董事会交换意见和听取建议，如果企业在并购决策过程中过于注重监督代理问题会出现较高的机会成本。同时，Benson 等（2015）的研究发现，即使是繁忙性的董事会，在并购决策中也并没有缩减他们的职责，相反，由于声誉动机的激励，繁忙的董事会与董事 CEO 在并购过程中履行的职责更为充分有效。

其次，资本市场对于并购决策的反应以及董事会的股东利益视角会使董事会在面对绩效反馈形成的并购决策时更倾向于维持财富水平，从而谨慎对待增加并购决策。在已有的研究中有关我国企业的并购绩效显示，上市公司的并购绩效整体上在经历一种先升后降的趋势，在并购当年和并购后第一年股价以及市场收益都得到了提高，但随后企业的市场收益开始下降（冯根福和吴林江，2001），这一收益数据的巨大波动代表了并购风险，而鉴于董事会代表股东对于已有财富安全性的要求，在经历绩效高于历史期望之后，更倾向于维持已有的财富水平而拒绝承担风险。

并且，董事会的股东利益视角与 CEO 的个人利益视角相区别，会削弱损失厌恶效应。就理论而言，企业追求并购的一个重要原因在于管理层薪酬的增加（Haleblian et al.，2009），也即个人利益最大化。股票以及股票期权被认为是激励 CEO 频繁进行并购的重要因素（Datta et al.，2001；Sanders & Hambrick，2007），与 CEO 作为并购决策的独立形成者所不同的是，董事会并非独立的决策形成者，董事会代表了股东的利益，具有股东财富安全的受托责任。因此在代理理论的假设中，其目标函数与 CEO 的目标函数存在明显的相对性（Jensen & Meckling，1976）。因此，在面对前一期形成的高于历史期望水平的绩效时，董事会更多出于股东利益安全性的考虑，在增加随后并购决策的概率方面会低于 CEO，有可能见好就收。即使是在面对绩效下降形成的并购决策时，董事会作为股东利益的代表，也需要在决策中保持中立态度从而形成对于 CEO 决策行为的有效制约，这也会削弱损失厌恶形成的并购决策增加。根据上述分析，我们预期，董事会持股薪酬在其他条件不变时，会削弱绩效与期望差距反馈下形成的并购决策。同样在区分绩效正向反馈形成的并购决策关系与绩效负向反馈形成的并购决策关系的基础上，提出如下研究假设：

H4a：当绩效低于历史期望差距越小时，企业随后并购决策行为的增加会在董事会团队持有较高股票薪酬时减弱，董事会持股会负向调节这一关系。

H4b：当绩效高于历史期望差距越小时，企业随后并购决策行为的增加会在董事会团队持有较高股票薪酬时减弱，董事会持股会负向调节这一关系。

第二节　研究设计与研究方法

在本章中，我们以第三章的研究样本为基础，继续验证本章所构建的理论与研究假设，仍然以 2011 ~ 2015 年中国大陆沪深两市 A 股制造业上市公司作为初始的研究样本，由于本章内容以讨论董事会在企业行为理论的反馈—反应决策模式中的作用，继续对于样本有关董事会的数据进行了筛选，构建了本章研究需要的变量以及模型。同样，本节后面的内容将围绕研究变量与模型的设计，研究方法的选择以及整体样本与数据的介绍展开。

一、变量与模型设计

（一）研究变量

1. 被解释变量

本章的被解释变量为并购决策行为（Acquisition Activity）。以企业最终完成并购的结果作为董事会进入决策过程后得到的决策最终结果，仍然使用企业是否进行并购的概率，以及企业在当年进行并购的总数量作为衡量企业并购决策行为的主要方法；使用是否进行并购的概率（Acquisition Probability）和并购数量（Acquisition Numbers）来衡量企业并购决策行为。是否进行并购的概率定义为目标公司当年是否发生了并购行为，如果是，则赋值为1，否则赋值为0。并购数量定义为目标公司当年度所发生并购事件的数量总和。其中，有关企业并购行为，仍然在国泰安CSMAR数据库中对于并购重组的事件进行了筛选，排除了国内常见有关并购中将并购重组合在一起的事件，排除的内容包括债务重组、资产剥离、股份回购、资产置换事件。

2. 解释变量

根据上一章的研究基础，在本章中，我们对于绩效期反馈引起并购决策形成的分析仍然建立在绩效与历史期望的落差反馈作为主效应的基础上。因此，仍然沿用历史期望与绩效的落差（Performance Relative to Aspirations），作为形成企业并购决策的主要原因。使用ROA与ROE作为衡量绩效的指标，分别从历史期望的正向差距（Above Aspirations）以及绩效与历史期望的负向差距（Below Aspirations）来衡量差距的大小，并使用了指数加权平均法（Exponentially Weighted Average）来计算历史期望水平，计算方式与上一章相同。

（1）董事会社会资本（Social Capital）。在有关企业董事会资本的研究中，董事会社会资本又被定义为关系资本（Relation Capital），具体是指在组织能够从董事会中的个体通过其所处的网络位置中嵌入的、获得可用的以及得到的实际与潜在的资源总和。事实上，在董事会资本的度量模型中，有关企业社会资本最常使用的是连锁董事（Haynes & Hillman, 2010），连锁董事代表了董事会所处的网络位置的程度，以及反映了企业所能使用的企业之间的关系资源总和。在国内的研究中，周建等（2012）在企业董事会资本的研究，主要使用了连锁董事即兼职董事来衡量董事会社会资本，同时，兼职董事度量了董事会在行业中的繁忙程度，董事会繁忙程度越高，越代表了他所能够调动的社会关系资源越多。因此，使用企业董事会平均兼职程度来衡量董事会社会资本（Social Capital）。具体如下：

$$董事会社会资本 = \frac{\sum_{i=1}^{k} 第\,i\,董事会成员在外兼职为董事的公司个数}{当前企业董事会总人数} \tag{4-1}$$

式中，i 代表董事会成员，k 为董事会总人数。

（2）董事会—CEO 人力资本异质性（Human Capital）。根据董事会资本的研究，以及国内学者对于董事会资本的运用，我们使用了董事会团队成员人口统计学特征与 CEO 之间的异质性来衡量董事会—CEO 人力资本异质性。之所以使用董事会与 CEO 之间的异质性，而非董事会团队的整体异质性，原因在于，在决策提议的审核与筛选过程中，主要在于董事会团队与 CEO 之间的信息交换。因此，作为战略领导层的两个主要决策主体，权力、特征与代理能力之间的异质性会影响决策结果的有效性，这种异质性主要表现为两种主要行为主体之间的不均衡性，如家族董事与非家族董事，我们将这一思想运用于本章的研究。在国内，有关董事会异质性的最新研究表明，董事会团体异质性需要与 CEO 之间做对比，更能反映出董事会中领导权结构之间的差异以及高效的决策团队（张建君和张闫龙，2016）。参照 Patel 和 Cooper（2014）的研究，衡量董事会团队成员在人口统计学特征方面与 CEO 之间的不均衡性作为董事会团队与 CEO 之间的差异性，用以反映在决策过程中董事会能够为 CEO 决策提议带来影响的能力，作为董事会—CEO 人力资本异质性构成的内容。衡量方法如下：

$$董事会—CEO\ 人力资本异质性 = \sum_{p=1}^{3} Standardization\ Z_{pt} \quad p=1,\ 2,\ 3,\ t\ 为年度 \tag{4-2}$$

式中，Z_{1t} 代表了董事会—CEO 年龄异质性，Z_{2t} 为董事会—CEO 职业背景异质性，Z_{3t} 为董事会—CEO 任期异质性。*Standardization* 为标准化。由于在大多数董事会团队中，CEO 为董事会团队的成员之一，因此，为了更好地衡量董事会团队与 CEO 之间的人力资本异质性，在董事会团队中去除 CEO；基于统计数据可获得的最小确定性，选取了年龄、职业背景和任期来反映董事会—CEO 的不同人力资本特征，并分别使用了如下公式来衡量董事会与 CEO 之间的异质性，用以反映董事会—CEO 人力资本异质性。

主要衡量方式如下：

$$董事会—CEO年龄异质性=\left|\frac{除CEO之外董事平均年龄}{CEO年龄}-1\right| \quad (4-3)$$

$$董事会—CEO职业异质性=\frac{\sum_i \frac{|除CEO外第i董事职业}{背景赋分-CEO职业背景赋分|}}{n}$$

$i=1$，…，n，n 为可查职业背景的董事会人数　　(4－4)

$$董事会—CEO任期异质性=\left|\frac{除CEO之外董事平均任期}{CEO任期}-1\right| \quad (4-5)$$

在式（4－3）中，使用了除 CEO 之外的董事整体平均年龄与 CEO 年龄的比值，减去完全同质状态下的比值 1，作为一种标准差形式来衡量年龄异质性。

在式（4－4）中，对董事会与 CEO 之间的职业背景异质性采用了文本赋值差异法计算。使用这种方法的理由如下：

首先，参考（张闫龙（2016）以及马连福和冯慧群（2014））的研究在衡量时率先尝试使用董事会成员与 CEO 职业背景是否相同，是则取值为 0，否则取值为 1，计算不同职业背景的董事总比例，但是我们发现在计算董事会—CEO 之间的差异性时并不适用。根据已有研究，这种方法适用于计算团队整体差异性分布，在计算董事会与 CEO 之间的职业背景差异时，存在两处明显缺陷：第一处缺陷在于，董事会成员职业背景和 CEO 职业背景均存在大量的两种及以上的背景类型，无法判断是否完全等同；第二处缺陷在于，相似职业之间并非完全存在不可逾越的鸿沟，如人力资源、管理、销售，再如生产、设计、研发，这些职业背景并非完全异质。因此，在研究测试之后取消了这种度量方式。

其次，参考了 CSMAR 的文本赋值，将相似的职业背景尽可能放在一起，依次递增赋值。尽管这种方式也存在一定的不完善之处，但是得分差额基本能够遵循职业背景差异越大，分值差异越大的规律。

因此，根据职业相似排序相近原则，采用了文本赋值计算职业背景的差异性，具体赋值原则如下：按照国泰安 CSMAR 的数据以及现有学者的研究，董事职业背景一般分为 9 类。董事会成员职业背景的赋值参考 CSMAR 数据库的文本赋值方法，分别为：生产背景赋值为 1；研发背景赋值为 2；设计背景赋值为 3；人力资源背景赋值为 4；管理背景赋值为 5；市场背景赋值为 6；金融背景赋值为 7；财务背景赋值为 8；法律背景赋值为 9；其他不明情况在样本中删除。如有同时具备两种以上的职业背景，取加和值计算。根据职业背景的相似性和跨度，将相似程度较高的职业背景尽量放在一起，例如生产、研发、设计，赋值接近；人力资源、管理、市场，赋值接近；金融、财务，赋值接近。其分值差额也基本能够代表职业背景异质性越强的内在规律。

在式（4 -5）中，董事会与 CEO 的平均任期取自 CSMAR 国泰安数据库，以月为基本单位计算累计任期，如当年度发生 CEO 变更，以年报披露的当年度 CEO 为准。

在上述公式中，当计算出董事会与 CEO 之间的年龄、职业背景、平均任期异质性之后，参考 Patel 和 Cooper（2014）等的研究，为更明显地表现出董事会团队与 CEO 之间的异质性分布，我们对指标进行了标准化后的加总处理，得到董事会—CEO 的人力资本异质性得分。如果董事会与 CEO 的人口统计学特征相似，绝对值越小，越趋向于同质性，绝对值越大，表明异质性越高。

（3）董事会被激励程度（Boardstock）。使用董事会团队持股比例作为董事会被激励程度的测度变量。董事会持股数量与目标企业流通在外的普通股股数之比作为企业董事会被激励程度，这一方法在国外企业行为理论的研究中，有关董事会能力与属性的研究中被经常用以衡量董事会动机的强弱（Desai，2015；Gamache et al.，2015）。

3. 控制变量

在本章中，仍然沿用上一章的控制变量模型，支持选择这些控制变量的理由与上一章相同。

（1）公司层面的控制变量。

1）企业规模（Firmsize），选取了企业年度总资产的自然对数。

2）企业年龄（Age），采用了截止统计日期时，企业所披露的成立时间距统计截止时间的累计年度之和。

3）股权集中程度（StockHHI），使用了前十大股东持股比例数来衡量企业的股权集中程度。

4）企业性质（StockType），企业性质的衡量作为虚拟变量赋值，如果为国有企业，取值为1，否则取值为0。

（2）公司治理变量。

1）董事会两职兼任程度（Duality），当董事长与总经理是两职兼任时，取值为1，否则取值为0。

2）董事会规模（BoardSize），对董事会人数取自然对数作为董事会规模的控制变量。

3）董事会结构（BoardStructure），董事会中独立董事人数占董事会总人数的比例作为董事会结构变量纳入研究模型。

4）管理层激励（Compensation），前三位高管总薪酬的自然对数作为控制高管激励的变量。

（3）企业资源变量。

1）企业冗余资源（Slack），控制了三种类型的冗余资源，分别为企业已吸收冗余 $Absorbedslack_{it}$、未吸收冗余 $Unabsorbedslack_{it}$ 以及潜在冗余 $Potentialslack_{it}$。已吸收冗余使用企业期间费用总和与销售收入的比例，期间费用包括了销售费用、财务费用与管理费用；未吸收冗余使用了流动比率与速动比率的平均值来衡量；潜在冗余使用了负债权益比来衡量。

2）企业外部增长率（ExGrowth），企业总资产增长率中外部投资额增长所占的比重。

3）市场绩效（TobinQ），使用TobinQ作为控制企业以前年度绩效的变量。

4）环境不确定性（EU），使用了样本中的企业年度销售收入Sale与年度来估计模型，残差表示每年度销售收入的波动性，作为环境不确定性的代理变量。

除此之外，在本章的控制变量中，加入了上一章对于并购决策有明显影响的前一期企业资本市场超额收益即赌场盈利（Abreturn）以及模仿密度（ImitationDensity）。

为了控制不同年度的影响，以及不同年度宏观经济的影响，我们在文中还设置了年度变量，作为各个年份控制变量。

本章所有使用的变量及其简要定义如表 4－1 所示。

表 4－1　研究模型使用的主要变量及说明

序号	变量名称	变量符号	变量定义
因变量			
1	是否发生并购并购数量	Acquisition	目标企业次年是否发生并购
		AcquisitionNo	目标企业次年发生并购数量的总和
自变量			
2	绩效差距	BelowAspiration	ROA/ROE 与历史预期的负向偏差绝对值
		AboveAspriation	ROA/ROE 与历史预期的正向偏差绝对值
3	董事会社会资本	SocialCapital	董事会中兼职董事在外兼职的企业平均数量
4	董事会—CEO 人力资本异质性	HumanCapital	董事会与 CEO 之间的人力资本异质性
5	董事会被激励程度	BoardStock	董事会持股与在外流通的普通股股数之比
控制变量			
6	企业规模	Size	企业年末总资产的自然对数
7	企业年龄	Age	截止到统计期企业成立年限
8	企业股权集中程度	StockHHI	前十大股东持股比例总和
9	企业性质	Stockowned	国有企业取值为 1，否则为 0
10	董事会两职兼任情况	Duality	董事长与 CEO 两职合一取值为 1，否则为 0
11	董事会规模	BoardSize	董事会人数的自然对数
12	董事会结构	BoardStructure	董事会中独立董事人数所占的比例

续表

序号	变量名称	变量符号	变量定义
控制变量			
13	管理层现金薪酬	Compension	前三位高管现金薪酬自然对数
14	企业冗余资源	Slack	企业已吸收冗余，未吸收冗余以及潜在冗余的均值
15	外部增长率	ExGrowth	1－内部投资占比
16	市场绩效	TobinQ	TobinQ
17	环境不确定性	EU	年度销售收入的回归残差
18	股票市场超额收益	AbReturn	年度目标企业股票市场的超额报酬
19	模仿密度	ImitationDensity	该年度行业中规模为目标企业 0.5～1.5 倍且实施并购企业的数量/该年度目标企业所在行业的企业总数量
20	年度	Year	年度虚拟变量，样本年度 $N-1$ 个

（二）研究模型

本章主要使用两种研究模型来验证研究假设，为此分别建立了以下模型：

1. 董事会基于绩效反馈的反应对随后进行并购决策概率的影响

模型构建如下：

$$\begin{aligned} Acquisition_{i,t+1} = {} & \alpha + \beta_1 BelowAspirations_{it} + \beta_2 AboveAspirations_{it} + \\ & \beta_3 BelowAspirations_{it} \times SocialCapital_{it} + \beta_4 AboveAspirations_{it} \times \\ & SocialCapital_{it} + \beta_5 BelowAspirations_{it} \times HumanCapital_{it} + \\ & \beta_6 AboveAspirations_{it} \times HumanCapital_{it} + \beta_7 BelowAspirations_{it} \times \\ & Motivation_{it} + \beta_8 AboveAspirations_{it} \times Motivation_{it} + \beta_9 controls_{it} + \varepsilon \end{aligned} \tag{4-6}$$

式中，$Acquisition_{i,t+1}$为目标 i 企业第 $t+1$ 年是否进行了并购决策，如果是则取值为 1，否则为 0，因此，该模型为 Logistic 回归模型。其中，*Be-*

$lowAspirations_{it}$为第 i 企业第 t 年绩效与历史期望的负向落差，$AboveAspirations_{it}$为第 i 企业第 t 年绩效与历史期望的正向落差，这两组变量用以衡量绩效反馈对于并购决策形成的影响，作为企业行为理论问题搜寻机制的代理衡量。$SocialCapital_{it}$为第 t 年第 i 企业的董事会社会资本，$HumanCapital_{it}$为第 t 年第 i 企业的董事会人力资本，$Motivation_{it}$为第 t 年第 i 企业的董事会被激励程度，即董事会持股比例。$controls_{it}$为模型使用的所有控制变量，ε 为残差项。

2. 董事会基于绩效反馈的反应对于随后进行并购决策数量的影响

模型构建如下：

$$\begin{aligned} AcquisitionNo_{i,t+1} = \alpha + \beta_1 BelowAspirations_{it} + \beta_2 AboveAspirations_{it} + \\ \beta_3 BelowAspirations_{it} \times SocialCapital_{it} + \beta_4 AboveAspirations_{it} \times \\ SocialCapital_{it} + \beta_5 BelowAspirations_{it} \times HumanCapital_{it} + \\ \beta_6 AboveAspirations_{it} \times HumanCapital_{it} + \beta_7 BelowAspirations_{it} \times \\ Motivation_{it} + \beta_8 AboveAspirations_{it} \times Motivation_{it} + \beta_9 Controls_{it} + \gamma \end{aligned} \tag{4-7}$$

与第三章的模型基本含义相同，其中，$AcquisitionNo_{i,t+1}$为目标 i 企业第 $t+1$ 年成功进行的并购决策总数量，由于该变量为非负整数，因此，该模型为计数 Poisson 回归模型。鉴于该模型的因变量无法取值为 0，因此，该模型为 0 截尾 Poisson 回归模型。模型中的 γ 为残差项，其余变量含义不变。在控制变量中，多加入了企业上一年度股票市场的超额回报率以及可模仿密度。

（三）样本选取与数据来源

继续以上一章的初始样本为基础进行样本的筛选。以大陆沪深两市 A 股市场在 2011 ~2015 年的总计并购事件，主要选取并购事件发生最多的制造业为基础样本，由于本章重点关注董事会对于绩效反馈下并购决策的影响，我们对样本做了如下筛选：

（1）计算以 2011 年企业面临的绩效反馈为起始年份，需要以 2010 年期望值以及 2009 年绩效的实际值为起始，因此，对于样本年份的选取取值为2009～2015年，基于绩效的连续性剔除了这6年内研究样本缺失的上市公司。

（2）剔除主营业务收入为0的上市公司。

（3）剔除期间费用总和为0的上市公司。

（4）剔除企业高管薪酬缺失的上市公司。

（5）剔除董事会人数及独立董事人数存在缺失的上市公司。

（6）剔除个别数据存在异常数据的上市公司，如主营业务收入为负。

（7）剔除董事会成员年龄存在全部缺失及CEO年龄缺失的上市公司。

（8）剔除董事会成员职业背景全部存在缺失及CEO职业缺失的上市公司。

（9）剔除董事会成员中任期全部存在缺失及CEO任期缺失的上市公司。

在本章的研究样本中，仍然使用了Wisorize尾数处理法对所有样本进行了1%分位数和99%分位数的尾数处理。在回归模型中，主要被解释变量的取值为2012～2015年，其余变量的取值为2011～2014年，本章所使用的观测样本为4年共计1869个观测样本。

二、研究方法

我们仍然使用两种研究方法来检验本章研究设计模型以及研究假设：①混合Logistic回归，用以检验在是否进行并购决策时董事会的作用；②零截尾混合效应泊松回归，用以检验目标企业在随后年度进行并购数量的总和。

混合Logistic回归用以检验模型（4－2），主要验证董事会基于绩效反馈支持的三个构成维度对并购决策的影响；零截尾混合效应泊松回归用以检验模型（4－4），主要验证董事会基于绩效反馈支持的三个构成维度对并购决策数量在企业之间的差异形成的影响。

第三节 实证结果与研究讨论

本节主要包含三个主要内容，分别为描述性统计与相关性结果分析、回归结果分析，以及研究内容的讨论与结论分析。

一、描述性统计与相关性结果

在本章的描述性统计分析表中，主要对董事会资本构成的三个方面进行了统计，分别为董事会社会资本，即董事会平均兼职的数量；董事会—CEO 之间的人力资本异质性，以及董事会团队持股比例。董事会—CEO 之间的人力资本异质性分别为董事会—CEO 年龄异质性、董事会—CEO 职业背景异质性以及董事会—CEO 任期异质性。

表 4－2　描述性统计分析

变量名称	平均	标准差	中位数	方差	最小值	最大值
董事会—CEO 年龄异质性	0. 134	0. 122	0. 102	0. 015	0. 000	0. 891
董事会—CEO 职业背景异质性	4. 079	2. 958	3. 608	8. 749	0. 000	17. 714
董事会—CEO 任期异质性	2. 687	7. 327	0. 672	53. 684	0. 000	105. 429
董事会社会资本	0. 885	0. 862	0. 625	0. 743	0. 0666	7. 066
董事会—CEO 人力资本异质性	－0. 023	1. 778	－0. 330	3. 160	－2. 709	15. 230
董事会团队持股比例	0. 093	0. 2978	0. 0001	0. 088	0. 000	1. 617

根据表 4－2 的统计数据，在研究样本中，董事会 CEO 之间的年龄异质程度为 0. 134，表明在企业董事会与 CEO 的年龄对比中，平均而言董事会与 CEO 之间的差距是 CEO 的 0. 134 倍，相对而言两种决策主体之间存在一定差异性。董事会与 CEO 职业背景差异的均值为 4. 079，这一数值接

近董事的职业背景平均为财务、法律，而CEO的职业背景接近于管理的情形，基本符合现有董事会的基本情况，表明我国上市公司董事会建设在选取董事方面已初显成效。对于董事会—CEO的任期而言，在上市公司中表现得较为明显，由于在国泰安数据库中是按月进行的统计，因此这一数据较为详细地体现了董事会—CEO之前的任期差异，董事会与CEO任期异质性数据均值为2.687，平均而言董事会任期是CEO任期时长的2.7倍，由于董事会常常受股东利益委托，表明在样本公司中，大股东相对稳定，而CEO常常会受到解雇的风险。董事会与CEO之间的任期差异在研究中代表了CEO与企业董事会所建立的合作关系的协调程度（姜付秀等，2013；张建君和张闫龙，2016），在CEO之前任职的董事会成员，CEO从他们身上得到的帮助很少（Joseph et al.，2014）。

在表4－2的董事会资本构成中，研究数据显示董事会社会资本即董事会平均兼职的其他董事的公司个数为0.885个，这表明在我国企业董事会中，繁忙董事的程度在提高，这一数据的方差并不大，为0.743，表明在各个企业之间并不存在多大程度的差异。此外，对于董事会团队持股比例而言，相对比流通在外的普通股股数，董事会团队的持股比例平均而言较低，其均值为0.093，但是对于个别民营企业而言，董事会团队的持股比例比流通在外的普通股股数要多，最大值达到了3.49倍。

表4－3 各变量Pearson相关系数

序号	变量	1	2	3	4	5	6	7
1	Acquisition	1						
2	AcquisitionNo	0.554***	1					
3	Size	0.026	0.030	1				
4	Age	−0.056**	−0.054**	0.101***	1			
5	StockHHI	0.0330	0.058**	0.300***	−0.265***	1		
6	StockType	−0.270***	−0.227***	0.302***	0.237***	0.0230	1	
7	Duality	0.090***	0.085***	−0.107***	−0.077***	−0.084***	−0.280***	1
8	BoardSize	−0.100***	−0.062***	0.264***	0.039	0.048**	0.190***	−0.187***

续表

序号	变量	1	2	3	4	5	6	7
9	BoardStructure	0.137***	0.085***	0.046*	-0.068***	0.040*	-0.031	0.090***
10	Compensition	0.161***	0.117***	0.268***	0.013	0.005	-0.093***	0.094***
11	Slack	0.014	-0.008	-0.112***	0.011	-0.019	-0.035	0.046*
12	ExtenalGrowth	0.0300	0.049**	0.040*	0.048**	0.083***	0.003	-0.010
13	TobinQ	0.063***	0.0240	-0.459***	0.054**	-0.085***	-0.157***	0.061**
14	EnvirmentCertity	-0.0130	-0.007	0.899***	0.086***	0.316***	0.322***	-0.143***
15	AbReturn	-0.0120	0.017	0.0250	-0.004	0.055**	0.0350	-0.0150
16	ImitationDensity	0.114***	0.028	-0.430***	-0.003	-0.172***	-0.185***	0.076***
17	AboveAspiration	0.005	0.037	-0.146***	0.090***	0.008	-0.035	0.002
18	BelowAspiration	-0.088***	-0.085***	-0.139***	0.022	-0.057**	0.021	0.035
19	SocailCapital	0.063***	0.060**	-0.020	-0.185***	0.084***	-0.189***	-0.066***
20	HumamCapital	0.0230	-0.025*	0.019	0.0260	-0.031	-0.012	0.006
21	BoardStock	0.144***	0.150***	-0.165***	-0.307***	0.117***	-0.385***	0.164***
序号	变量	8	9	10	11	12	13	14
8	BoardSize	1						
9	BoardStructure	-0.362***	1					
10	Compensition	0.042*	0.057**	1				
11	Slack	-0.032	0.026	0.170***	1			
12	ExtenalGrowth	-0.001	-0.019	-0.058**	-0.004	1		
13	TobinQ	-0.135***	0.058**	0.084***	0.462***	0.002	1	
14	EnvirmentCertity	0.277***	0.002	-0.034	-0.205***	0.040*	-0.496***	1
15	AbReturn	-0.0130	0.016	0.031	-0.004	-0.020	-0.003	0.013
16	ImitationDensity	-0.162***	-0.015	-0.070***	-0.0270	-0.019	0.081***	-0.408***
17	AboveAspiration	-0.050**	0.001	-0.089***	-0.009	0.423***	0.369***	-0.131***
18	BelowAspiration	-0.004	0.019	0.048**	0.330***	-0.027	0.264***	-0.202***

续表

序号	变量	8	9	10	11	12	13	14
19	SocailCapital	0.004	-0.005	0.152***	-0.011	-0.017	0.026	0
20	HumamCapital	-0.018	-0.013	-0.009	-0.006	0.002	-0.015	0.018
21	BoardStock	-0.128***	0.045*	-0.0160	-0.006	0.0120	0.068***	-0.167***
序号	变量	15	16	17	18	19	20	21
15	AbReturn	1						
16	ImitationDensity	-0.072***	1					
17	AboveAspiration	-0.027	0.009	1				
18	BelowAspiration	0.039	-0.004	-0.181***	1			
19	SocailCapital	-0.010	0.038	-0.050**	-0.043*	1		
20	HumamCapital	-0.016	0.053**	0.007	-0.006	-0.015	1	
21	BoardStock	-0.020	0.136***	0.0310	-0.044*	-0.002	-0.007	1

表4-3为本章所使用的各个变量之间的Pearson相关系数。表中，董事会社会资本与企业是否并购以及随后的并购数量显著正相关，变量之间的相关系数分别为0.063和0.060，在5%的水平下显著。这表明，在面对绩效反馈形成的并购决策提议时，如果董事会中有更多的兼职董事，那么对于并购决策提议的支持程度会更高。董事会人力资本与随后进行的并购数量之间的相关系数为-0.025，且在10%的水平下显著，与是否进行并购之间的相关性为正，相关系数为0.023，表明异质性程度较高的董事会，使并购成功性概率增加，但是降低并购决策的频数。这种表现并不明显，需要在随后的回归分析中进一步确定。董事会团队持股与并购决策行为显著正相关，Motvation与是否进行并购之间的回归系数为0.144，与随后进行的并购数量总和之间的相关系数为0.150，表明董事会持股比例越高，对于并购决策行为的增加更为敏感。

在表4-3中，除了两个被解释变量外，并没有发现各变量之间的相关系数超过0.5，各变量之间不存在明显的共线性。主要变量之间的相关关系也符合研究假设的基本预期，这初步表明本章的研究假设符合预期与理论推导。在本章中，虽然研究样本不同，但是绩效与期望差距的反馈与随后并购决策形成之间的相关关系依然与上一章相同，表明这一关系在我们的研究样本中具有很好的稳健性。

二、回归结果

表 4 –4 ~ 表 4 –7 为本章研究模型的回归结果。我们使用了六个基本模型进行层次回归来验证本章研究假设。在表 4 –4 中。模型 1 为包括所有控制变量的基本回归。模型 2 为主效应的回归结果，即绩效与期望的差距与是否随后进行并购的回归结果。模型 3 为加入董事会资本构成的第一个维度——董事会社会资本。模型 4 为加入董事会资本构成的第二个维度——董事会与 CEO 人力资本的异质性。模型 5 为加入了董事会资本构成的第三个维度——董事会被激励程度，即董事会持股。模型 6 为所有变量的综合模型。这些模型设定在表 4 –5 ~ 表 4 –7 中基本一致。

在本章的回归模型中，表 4 –4 为混合 Logit 回归，表示绩效与期望的差距引起企业随后并购决策概率的影响，我们使用了 ROA 作为企业绩效的衡量指标，因此绩效期望水平的加权指数平均估计建立在历史 ROA 数据之上。表 4 –5 使用 ROE 作为绩效的衡量指标，同样为混合 Logit 回归。表 4 –6 为 Poisson 回归，表示绩效与期望的差距引起企业随后并购决策的数量，其中企业绩效的衡量指标为 ROA，绩效历史期望水平也使用 ROA 作为初始数据进行指数加权平均法计算。表 4 –7 仍然为 Poisson 回归，其中企业绩效的衡量指标为 ROE，绩效历史期望水平也使用 ROE 作为初始数据进行指数加权平均法计算。

使用混合 Logit 回归的原因在于这种方法在现有样本中能够更好地拟合本章的模型，Hausman 检验的结果支持了对于混合 Logit 的使用。在 Piosson 回归中，由于存在 0 断尾分布的情况，我们仍然使用了 0 断尾混合 Piosson 回归来拟合本章的研究模型，在使用上述两种方法中，均使用了聚类稳健标准误来估计实际的回归结果。

表 4－4　董事会资本构成对绩效反馈下并购决策的 Logistic 回归：ROA

	模型 1	模型 2	模型 3	模型 4	模型 5	模型 6
变量	Acquisition	Acquisition	Acquisition	Acquisition	Acquisition	Acquisition
Size	0.079	0.139	0.109	0.133	0.120	0.088
	(0.43)	(0.71)	(0.59)	(0.70)	(0.61)	(0.50)
Age	−0.016	−0.015	−0.017	−0.016	−0.008	−0.011
	(−1.15)	(−1.02)	(−1.36)	(−1.03)	(−0.50)	(−0.74)
StockHHI	−0.001	−0.001	−0.001	−0.001	−0.001	−0.002
	(−0.42)	(−0.43)	(−0.43)	(−0.40)	(−0.64)	(−0.59)
StockType	−1.403***	−1.390***	−1.419***	−1.395***	−1.271***	−1.305***
	(−9.13)	(−9.90)	(−11.28)	(−9.73)	(−7.40)	(−8.22)
Duality	0.012	0.024	0.008	0.031	0.014	0.013
	(0.16)	(0.28)	(0.09)	(0.44)	(0.19)	(0.19)
BoardSize	−0.389	−0.386	−0.402	−0.381	−0.360	−0.366
	(−1.40)	(−1.54)	(−1.59)	(−1.56)	(−1.32)	(−1.36)
BoardStructure	6.794***	6.732***	6.818***	6.663***	6.754***	6.773***
	(4.54)	(4.37)	(4.46)	(4.44)	(4.28)	(4.42)
Compensition	0.391**	0.360*	0.387**	0.363*	0.377**	0.403**
	(2.62)	(2.39)	(2.71)	(2.42)	(2.58)	(2.94)
Slack	−0.005*	−0.003	−0.003	−0.004	−0.002	−0.004
	(−2.34)	(−1.10)	(−1.22)	(−1.30)	(−1.20)	(−1.62)
ExternalGrowth	0.298	0.276	0.260	0.264	0.238*	0.202
	(1.31)	(1.89)	(1.75)	(1.83)	(2.00)	(1.82)
TobinQ	0.121***	0.150***	0.157***	0.150***	0.148***	0.156***
	(3.92)	(5.37)	(5.35)	(5.27)	(5.51)	(5.39)
EnvirmentCertainly	0.341*	0.273	0.308*	0.278*	0.287*	0.325**
	(2.53)	(1.93)	(2.40)	(2.07)	(2.10)	(2.84)
AbReturn	4.060	4.540*	4.436	4.573*	4.603	4.584
	(1.76)	(1.97)	(1.93)	(2.02)	(1.78)	(1.79)
ImitationDensity	6.080***	5.910***	6.016***	5.895***	5.721***	5.831***
	(7.32)	(6.79)	(6.53)	(6.51)	(6.33)	(5.80)

续表

	模型1	模型2	模型3	模型4	模型5	模型6
AboveAspiration		-5.887***	-6.708***	-5.983***	-4.765*	-5.615*
		(-7.31)	(-6.81)	(-8.80)	(-2.06)	(-2.46)
BelowAspiration		-5.533***	-5.616***	-6.054***	-5.410***	-6.032***
		(-7.02)	(-6.62)	(-6.16)	(-4.50)	(-4.95)
SocialCapital			-0.110			-0.101
			(-1.68)			(-1.57)
HumanCapital				-0.0120		-0.0159
				(-0.65)		(-0.89)
Boardstock					1.121**	1.127**
					(2.76)	(2.92)
AboveAspiration ×			-4.146**			-4.922**
SocialCapital			(-2.62)			(-2.64)
BelowAspiration ×			0.098			0.232
SocialCapital			(0.07)			(0.18)
AboveAspiration ×				-1.226		-1.606
HumanCapital				(-0.72)		(-0.93)
BelowAspiration ×				-1.251		-1.307*
HumanCapital				(-1.90)		(-2.23)
AboveAspiration ×					20.90	26.24
BoardStock					(0.65)	(0.79)
BelowAspiration ×					-0.589	-0.163
BoardStock					(-0.05)	(-0.01)
Cons	-8.529**	-9.220**	-8.814**	-9.082**	-9.322**	-8.853**
	(-3.21)	(-3.14)	(-3.26)	(-3.18)	(-3.00)	(-3.19)
Years	Controlled	Controlled	Controlled	Controlled	Controlled	Controlled
Pseudo R^2	0.1997	0.2067	0.2077	0.2087	0.2101	0.2129
Log pseudo Likelihood	-873.842	-866.128	-865.07322	-863.997	-862.473	-859.423
N	1774	1774	1774	1774	1774	1774

注：*、**与***分别表示在10%、5%与1%的水平下显著，括号内为t值，使用聚类稳健标准误回归，如无特殊说明，后续均使用聚类稳健标准误的回归。

本章的研究假设建立在董事会资本构成对于绩效反馈下并购决策形成的影响，以此来验证面对绩效反馈形成的并购决策提议时董事会对于并购决策的影响。董事会对于绩效反馈下并购决策提议的支持程度取决于董事会资本构成，因为这反映了董事会为企业决策带来资源及支持的能力区别，从而能够形成如何支持当前绩效反馈下 CEO 提议的规律。为此，基于董事会资本构成可能对于并购决策的影响分别提出了三组研究假设。

第一个研究假设 H1a 与 H1b 为董事会社会资本对绩效与期望差距的反馈下并购决策的形成正向的调节作用。这种调节作用将表现为两个方面：一是在绩效与期望的正向差距越小，随后越有可能形成并购决策时，董事会社会资本的增加会进一步提高企业做出这一决策的概率，即研究假设 H1b。二是在绩效与期望的负向差距越小时，随后越有可能形成并购决策时，董事会社会资本的增加会进一步提高企业做出这一决策的概率，即研究假设 H1a。在表 4 -4 的回归结果中，模型 3 的回归结果显示，董事会社会资本在绩效与期望的正向差距形成并购决策时具有显著的调节作用，董事会社会资本即 SocialCapital 与绩效正向差距 AboveAspiration 形成的交互项系数为 -4. 146，其对应的 t 值为 -2. 62。这一回归结果显著地支持了研究假设 H1b。董事会社会资本对于绩效与期望正向差距缩小时形成的并购决策具有促进作用。在模型 3 中，董事会社会资本 SocialCapital 与绩效正向差距 BelowAspiration 形成的交互项系数为 0. 0980，其对应的 t 值为 0. 07，研究假设 H1a 并未得到支持。这表明，当面对绩效与期望负向差距时，即使是拥有较高社会资本的董事，在是否为并购决策提供支持方面也不明显，这可能出于兼职董事声誉激励的影响，更愿意在收益位置支持进行并购决策的提议。以上回归结果表明，董事会社会资本更高的企业，如兼职董事越多，对于企业面对绩效高于历史期望水平而提出并购决策时给予的支持程度越高。

第二个研究假设 H2a 与 H2b 为董事会人力资本与 CEO 之间的异质性会促进企业面对绩效差距时形成的并购决策成功性概率。这一假设也同样表现为在绩效与期望的正向差距越小，随后越有可能形成并购决策时，董事会人力资本与 CEO 之间的异质性提高企业成功实施并购的概率，即研究假设

H2b；在绩效与期望的负向差距越小时，随后越有可能形成并购决策时，董事会人力资本与 CEO 之间异质性也会提高企业做出这一决策的成功性概率，即研究假设 H2a。在表 4 -4 的回归结果中，模型 4 中的董事会与 CEO 之间的人力资本异质性 HuamnCapital 和绩效与期望的正向差距 Above Aspiration 形成的交互项回归系数为 -1.226，对应的 t 值为 -0.72，这一结果并不显著，研究假设 H2b 并未得到支持；模型 4 中的董事会与 CEO 之间的人力资本异质性 HuamnCapital 和绩效与期望的负向差距 Belowspiration 形成的交互项回归系数为 -1.251，对应的 t 值为 -1.90，这一结果显著地支持了研究假设 H2a。这表明，在面对绩效与期望负向差距形成的并购决策时，CEO 更能从异质性的董事会中得到帮助，提高并购决策的成功率。董事会与 CEO 之间的异质性在正向调节绩效与历史期望负落差形成并购决策的关系，这一结果可能源于研究假设中分析得到的异质性团队对于信息的精细化解构，提高了成功率，并且在面对负向差距时，董事会的介入程度更深。

第三个研究假设 H4a 与假设 H4b 为董事会持股会负向调节企业面对绩效差距时形成的并购决策。这一假设同样也将表现为在绩效与期望的正向差距越小，随后越有可能形成并购决策时，董事会持股会减弱企业做出这一决策的概率，即研究假设 H4b；在绩效与期望的负向差距越小时，随后越有可能形成并购决策时，董事会持股也会减弱董事会对这一决策的支持程度，即研究假设 H4a。在表 4 -4 的回归结果中，模型 5 中的董事会持股 BoardStock 和绩效与期望的正向差距形成的交互项回归系数为 20.90，对应的 t 值为 0.65，这一结果表明研究假设 H4b 并不显著；模型 5 中的董事会持股 BoardStock 和绩效与期望的负向差距形成的交互项回归系数为 -0.589，对应 t 值为 -0.05，这一结果表明研究假设 H4a 也并未得到支持。以上结果表明，在面对绩效与期望差距形成的并购决策提议时，持有更多股票的董事会成员对于是否进行并购没有明显的支持或限制态度，在这种情形下，持股未对董事会为 CEO 决策提议进行支持或不支持起到充分的激励作用。

表 4-5　董事会资本构成对绩效反馈下并购决策的 Logistic 回归：ROE

	模型 1	模型 2	模型 3	模型 4	模型 5	模型 6
变量	Acquisition	Acquisition	Acquisition	Acquisition	Acquisition	Acquisition
Size	0.079	0.102	0.071	0.104	0.083	0.063
	(0.43)	(0.50)	(0.38)	(0.50)	(0.40)	(0.32)
Age	-0.016	-0.016	-0.018	-0.016	-0.009	-0.011
	(-1.15)	(-1.09)	(-1.46)	(-1.05)	(-0.60)	(-0.80)
StockHHI	-0.0015	-0.002	-0.001	-0.002	-0.002	-0.002
	(-0.42)	(-0.52)	(-0.52)	(-0.50)	(-0.78)	(-0.73)
StockType	-1.403***	-1.385***	-1.416***	-1.380***	-1.260***	-1.288***
	(-9.13)	(-10.13)	(-11.85)	(-9.50)	(-7.44)	(-8.03)
Duality	0.012	0.005	-0.020	0.0032	-0.006	-0.015
	(0.16)	(0.01)	(-0.24)	(0.04)	(-0.10)	(-0.23)
BoardSize	-0.389	-0.386	-0.399	-0.379	-0.376	-0.381
	(-1.40)	(-1.38)	(-1.38)	(-1.35)	(-1.32)	(-1.27)
BoardStructure	6.794***	6.767***	6.805***	6.777***	6.732***	6.773***
	(4.54)	(4.47)	(4.44)	(4.39)	(4.46)	(4.38)
Compensition	0.391**	0.366*	0.395**	0.362*	0.387**	0.406**
	(2.62)	(2.39)	(2.70)	(2.22)	(2.62)	(2.75)
Slack	-0.005*	-0.006**	-0.007***	-0.006*	-0.006**	-0.007**
	(-2.34)	(-3.04)	(-3.67)	(-2.47)	(-2.98)	(-3.19)
ExternalGrowth	0.298	0.272	0.270	0.262	0.230	0.218
	(1.31)	(1.31)	(1.27)	(1.30)	(1.54)	(1.65)
TobinQ	0.121***	0.146***	0.149***	0.142***	0.143***	0.143***
	(3.92)	(4.13)	(4.77)	(3.69)	(4.18)	(4.40)
EnvirmentCertainly	0.341*	0.316*	0.347*	0.311	0.330*	0.351*
	(2.53)	(2.08)	(2.56)	(1.88)	(2.20)	(2.42)
AbReturn	4.060	3.569	3.549	3.686	3.894	3.991
	(1.76)	(1.67)	(1.62)	(1.66)	(1.63)	(1.61)
ImitationDensity	6.080***	5.766***	5.833***	5.739***	5.618***	5.677***
	(7.32)	(7.47)	(7.18)	(7.92)	(6.73)	(6.71)

续表

	模型 1	模型 2	模型 3	模型 4	模型 5	模型 6
AboveAspiration		-0.154	-0.197	-0.244	-0.032	-0.247
		(-1.94)	(-1.68)	(-1.75)	(-2.05)	(-2.31)
BelowAspiration		-0.326***	-0.335	-0.458**	-1.082*	-1.179*
		(-3.32)	(-1.36)	(-3.12)	(-2.47)	(-2.37)
SocialCapital			-0.094			-0.086
			(-1.44)			(-1.45)
HumanCapital				-0.003		-0.008
				(-0.16)		(-0.44)
BoardStock					0.485	0.531
					(0.53)	(0.65)
AboveAspiration ×			-0.142			-0.383
SocialCapital			(-1.58)			(-1.82)
BelowAspiration ×			-0.004			0.013
SocialCapital			(-0.01)			(0.03)
AboveAspiration ×				-0.137		-0.255
HumanCapital				(-0.84)		(-1.02)
BelowAspiration ×				-0.133		-0.124*
HumanCapital				(-1.73)		(-1.90)
AboveAspiration ×					1.640	3.200
BoardStock					(0.16)	(0.30)
BelowAspiration ×					-11.25	-10.81
BoardStock					(-1.64)	(-1.68)
Cons	-8.529**	-8.601**	-8.225**	-8.568**	-8.640**	-8.337**
	(-3.21)	(-2.81)	(-2.91)	(-2.80)	(-2.67)	(-2.82)
Years	Controlled	Controlled	Controlled	Controlled	Controlled	Controlled
Pseudo R^2	0.199	0.205	0.205	0.205	0.209	0.209
Log pseudo Likelihood	-862.29	-867.516	-867.005	-867.346	-863.398	-862.878
N	1774	1774	1774	1774	1774	1774

注：*、**与***分别表示在10%、5%与1%的水平下显著，括号内为t值。

表4－5为关于董事会资本构成对绩效与期望差距的反馈下并购决策是否进行的影响，我们使用了ROE作为绩效的衡量指标，用以增加研究模型与研究结果的稳健性。在回归结果中，绩效水平的衡量指标为ROE，绩效期望水平的计算也建立在ROE为基础的指数加权平均计算上。

对于研究模型3而言，董事会社会资本SocialCapital与企业绩效与历史期望的正向反馈的交互项系数仍然为负，模型6中的回归系数为－0.383，对应的t值为－1.82，回归结果与预期相同，表明研究假设H1b基本得到了支持。但是在面对绩效与期望的负向差距形成的并购决策时，模型3中与绩效期望的负向反馈的交互项系数为－0.004，对应的t值为－0.01，研究假设H1a在稳健性中未得到显著的支持。H1b在回归结果中基本得到了支持，这些结果也在一定程度上表明，拥有更多的兼职董事更愿意在面对收益时为并购决策提供更高程度的支持。

董事会与CEO之间的异质性对绩效正向反馈时提出的并购决策并没有明显的影响，这一结果在模型4和模型6中都有反映，在模型4中董事会与CEO之间的异质性和绩效与期望的正向差距交互项系数为－0.137，对应的t值为－0.84；在模型6中，董事会CEO之间的异质性与绩效期望的正向反馈之间的交互项系数为－0.255，对应的t值为－1.02，这一结果并不显著。即使是董事会与CEO之间的异质性较高，在面对绩效与期望形成的正向差距促成并购决策时，董事会与CEO之间的异质性并没有对并购决策形成明显的影响，表明董事会可能处于一种观望的中立态度，并没有明显的职能倾向以及详细的介入，研究假设H2b并未得到充分支持。而对于绩效与期望形成的负向反馈而言，董事会与CEO之间的异质性对于并购决策提议此时产生了明显的促进作用，在模型4中，董事会与CEO之间的异质性对企业绩效与期望负向差距之间的交互项系数为－0.133，对应的t值为－1.73，在模型6中这一系数依然显著为负，这一结果支持了研究假设H2a。这表明在面对绩效与期望差距的负向差距反馈时，与CEO异质性程度较高的董事会显然更深入地介入了并购决策过程，由于更为详细而精细化的信息结构过程，异质性的董事会介入提高了并购决策成功性的概率。

这种差异性也表明，董事会对于损失更为敏感，从而介入程度更深。

董事会持股比例对绩效与期望差距反馈形成的并购决策回归结果显示，持股对于绩效与期望差距的正向反馈下形成的并购决策概率没有明显的影响，在模型 5 中，BoardStock 与绩效正向差距的交互项系数为 1.640，对应的 t 值为 0.16，并不显著，这一结果不支持研究假设 H4b。对于研究假设 H4a 而言，模型 5 的回归中，董事会持股与绩效和期望负向反馈形成的交互性回归系数为 -11.25，对应的 t 值为 -1.64，虽然并不显著，但是这一结果表明，由于损失厌恶的存在，面对绩效形成的负向差距时，持有股票的董事会也开始出现了损失厌恶下主动支持风险性决策的倾向。

表 4-6 董事会资本构成对绩效反馈下并购决策的 Piosson 回归：ROA

	模型 1	模型 2	模型 3	模型 4	模型 5	模型 6
变量	Acquisition	Acquisition	Acquisition	Acquisition	Acquisition	Acquisition
Size	0.083***	0.095***	0.097***	0.095***	0.086***	0.092***
	(3.76)	(4.27)	(4.30)	(4.26)	(3.85)	(4.05)
Age	-0.001	-0.001	-0.001	-0.001	0.001	0.002
	(-0.57)	(-0.60)	(-0.28)	(-0.91)	(0.91)	(0.91)
StockHHI	0.003***	0.003***	0.003***	0.003***	0.002***	0.002***
	(6.03)	(5.88)	(5.94)	(5.30)	(4.77)	(4.23)
StockType	-0.452***	-0.440***	-0.441***	-0.441***	-0.404***	-0.401***
	(-24.24)	(-23.54)	(-23.28)	(-23.55)	(-20.87)	(-20.33)
Duality	0.053**	0.059**	0.061**	0.048*	0.040*	0.035
	(2.71)	(3.01)	(3.09)	(2.43)	(2.03)	(1.73)
BoardSize	0.015	0.029	0.023	0.024	0.034	0.024
	(0.32)	(0.60)	(0.47)	(0.49)	(0.70)	(0.49)
BoardStructure	1.208***	1.246***	1.252***	1.246***	1.250***	1.265***
	(7.43)	(7.66)	(7.67)	(7.65)	(7.71)	(7.77)
Compensition	0.077***	0.071***	0.070***	0.072***	0.078***	0.074***
	(5.97)	(5.45)	(5.25)	(5.48)	(5.90)	(5.49)

续表

	模型 1	模型 2	模型 3	模型 4	模型 5	模型 6
Slack	-0.001**	-0.001	-0.001	-0.001	-0.001	-0.001
	(-2.94)	(-0.56)	(-0.58)	(-1.84)	(-0.30)	(-1.52)
ExternalGrowth	0.006***	0.007***	0.005***	0.006***	0.008***	0.006***
	(7.79)	(6.68)	(4.83)	(6.43)	(7.34)	(5.39)
TobinQ	0.013***	0.016***	0.014***	0.019***	0.017***	0.018***
	(4.44)	(4.44)	(4.08)	(4.97)	(4.58)	(4.70)
EnvirmentCertainly	0.009	-0.009	-0.012	-0.006	-0.002	-0.006
	(0.58)	(-0.53)	(-0.72)	(-0.38)	(-0.16)	(-0.37)
AbReturn	2.243***	2.411***	2.458***	2.488***	2.436***	2.560***
	(5.82)	(6.26)	(6.38)	(6.45)	(6.32)	(6.63)
ImitationDensity	1.080***	0.971***	0.966***	0.917***	0.818***	0.755***
	(6.36)	(5.70)	(5.66)	(5.38)	(4.77)	(4.39)
AboveAspiration		-0.485	-0.877*	-0.462	-0.882*	-1.126**
		(-1.39)	(-2.35)	(-1.32)	(-2.40)	(-2.92)
BelowAspiration		-2.166***	-2.361***	-2.560***	-2.026***	-2.556***
		(-8.44)	(-8.92)	(-9.53)	(-7.73)	(-9.12)
SocialCapital			-0.006			0.0067
			(-0.60)			(0.66)
HumanCapital				-0.035***		-0.037***
				(-7.01)		(-7.33)
ManagementStock					0.313***	0.334***
					(8.22)	(8.65)
AboveAspiration ×			-1.535***			-1.283**
SocialCapital			(-3.40)			(-2.88)
BelowAspiration ×			-0.778*			-0.559
SocialCapital			(-2.41)			(-1.76)
AboveAspiration ×				0.505**		0.405*
HumanCapital				(2.65)		(2.05)
BelowAspiration ×				-0.774***		-0.827***
HumanCapital				(-4.09)		(-4.24)

续表

	模型 1	模型 2	模型 3	模型 4	模型 5	模型 6
AboveAspiration ×					3.315 ***	2.859 ***
Boardstock					(4.08)	(3.43)
BelowAspiration ×					5.945 ***	6.766 ***
Boardstock					(4.09)	(4.64)
Cons	-1.645 ***	-1.794 ***	-1.817 ***	-1.753 ***	-1.738 ***	-1.780 ***
	(-3.90)	(-4.24)	(-4.25)	(-4.14)	(-4.11)	(-4.16)
Years	Controlled	Controlled	Controlled	Controlled	Controlled	Controlled
Pseudo R^2	0.0993	0.1031	0.1037	0.104	0.107	0.1085
LR chi2	2253.74	2339.47	2354.12	2359.43	2429.02	2461.68
N	1774	1774	1774	1774	1774	1774

注：*、**与***分别表示在10%、5%、1%的水平下显著，括号内为t值。

表4-6为董事会资本构成对企业绩效与期望差距反馈形成并购决策数量的影响。所有模型的回归均为零断尾混合效应 Piosson 回归，使用聚类稳健标准误。

根据表4-6的回归结果，对于本章董事会资本构成对于企业绩效反馈下并购决策的形成而言，所提出的研究假设基本能够得到支持。

在面对绩效与期望的正向差距形成并购决策时，董事会社会资本的提高显著地增加了这一趋势，董事会社会资本与企业绩效与期望正差距的交互项系数在模型3与模型6中分别为-1.535和-1.283，对应的t值分别为-3.40和-2.88，在1%的水平下显著，这表明在面对绩效与期望正向差距越来越小时，企业随后做出并购决策的数量将在董事会社会资本更高时增加得更为明显。这一结果再次支持了研究假设H1b，同时对于研究假设H1a而言，同样得到了回归结果的支持，绩效与期望的负向差距与董事会社会资本的交互项回归系数在模型3中为-0.778，对应的t值为-2.41。这一结果显著地支持了研究假设H1a，但是在模型6中不显著，回归系数为-0.559，对应的t值为-1.76，这一结果从稳健性角度说明，声誉更高的董事会更愿意支持在收益位置做出的并购决策。

对于董事会人力资本而言，当董事会与 CEO 之间人力资本异质性较高时，企业随后的并购决策数量明显减少。模型 4 和模型 6 的回归结果显示，董事会与 CEO 人力资本的异质性回归系数分别为 -0.035 和 -0.037，对应的 t 值分别为 -7.01 和 -7.33，均在 1% 的水平下显著，这表明 CEO 异质性程度较高的董事会介入并购之后，由于对信息解构需要更长的时间，从而降低了随后进行的并购数量。在面对绩效与期望差距的正向反馈形成并购决策数量时，董事会与 CEO 之间的人力资本异质性与绩效期望正向差距的交互项系数显著为正，分别为 0.505 和 0.405，对应的 t 值分别为 2.65 和 2.05，这一结果支持了研究假设 H3b。表明在绩效与期望差距为正向形成并购决策提议时，董事会—CEO 异质性程度的增加使得每一次并购可能花费了更长的时间，从而降低了实际并购的总数量。模型 4 的回归结果显示，董事会与 CEO 之间的人力资本异质性与绩效期望负向差距的交互项系数为 -0.774，对应的 t 值为 -4.09，在面对负向差距形成并购决策数量时，这一结果没有支持研究假设 H3a，而是表明异质性的董事会面对负向绩效差距形成的并购决策，倾向于更支持的态度。研究结果显示了董事会在负向差距下和正向差距下的区别。

面对绩效与期望的正向差距形成的并购决策，回归结果显示，董事会持股的增加在降低绩效反馈与并购决策增加数量之间的关系。模型 5 与模型 6 的回归系数分别为 3.315 和 2.859，对应的 t 值分别为 4.08 和 3.43，在 1% 的水平下显著。这一回归结果显著地支持了研究假设 H4b，即董事会持股会负向调节绩效与期望正向差距形成的并购决策。这表明，在面对绩效高于历史期望水平的差距逐渐缩小时，持有股票薪酬的 CEO 调低了对于企业未来获益的期望值，不愿意支持企业在这种形势下进行更多的并购。在面对绩效与期望与负向差距时，这一研究假设仍然成立，模型 5 的回归结果显示，绩效与期望的负向差距与董事会持股之间的交互项系数为 5.945，对应的 t 值为 4.09，显著地支持了研究假设 H4a。这表明，在面对绩效与期望的负向差距形成的并购决策时，持有较多股票薪酬的董事会虽然对于是否进行并购无法表示确切的意见，但是对已经实施并购的企业是否继续增加并购数量，在发挥的作用上与当前绩效差距促成的动因存在一定程度的替代作用。

表 4-7　董事会资本构成对绩效反馈下并购决策的 Piosson 回归：ROE

	模型 1	模型 2	模型 3	模型 4	模型 5	模型 6
变量	Acquisition	Acquisition	Acquisition	Acquisition	Acquisition	Acquisition
Size	0.0835***	0.0967***	0.102***	0.0942***	0.0839***	0.0898
	(3.76)	(4.32)	(4.47)	(4.20)	(3.73)	(4.02)
Age	-0.001	-0.001	-0.001	-0.001	0.001	0.002
	(-0.57)	(-0.46)	(-0.21)	(-0.59)	(0.74)	(0.34)
StockHHI	0.003***	0.0033***	0.003***	0.0031***	0.002***	0.002***
	(6.03)	(5.67)	(5.80)	(5.30)	(4.69)	(4.11)
StockType	-0.452***	-0.440***	-0.438***	-0.441***	-0.405***	-0.398***
	(-3.24)	(-3.54)	(-3.12)	(-3.56)	(-3.96)	(-3.46)
Duality	0.053**	0.048*	0.048*	0.040*	0.035	0.028*
	(2.71)	(2.42)	(2.43)	(2.06)	(1.77)	(1.89)
BoardSize	0.015	0.022	0.023	0.020	0.033	0.032
	(0.32)	(0.46)	(0.47)	(0.40)	(0.67)	(0.35)
BoardStructure	1.208***	1.225***	1.220***	1.234***	1.223***	1.230***
	(7.43)	(7.53)	(7.51)	(7.59)	(7.54)	(6.16)
Compensition	0.077***	0.067***	0.065***	0.068***	0.075***	0.072***
	(5.97)	(5.13)	(4.86)	(5.22)	(5.70)	(5.04)
Slack	-0.001**	-0.002***	-0.002**	-0.002***	-0.002**	-0.002***
	(-2.94)	(-3.53)	(-3.24)	(-3.71)	(-3.17)	(-3.40)
ExternalGrowth	0.006***	0.006***	0.006***	0.007***	0.006***	0.006***
	(7.79)	(8.42)	(8.15)	(8.71)	(8.20)	(7.56)
TobinQ	0.013***	0.017***	0.016***	0.016***	0.015***	0.0140
	(4.44)	(5.54)	(5.24)	(5.43)	(4.70)	(4.39)
EnvirmentCertainly	0.009	-0.007	-0.0124	-0.0025	0.0007	-0.001
	(0.58)	(-0.43)	(-0.71)	(-0.15)	(0.04)	(-0.03)

续表

	模型 1	模型 2	模型 3	模型 4	模型 5	模型 6
Abreturn	2.243***	2.284***	2.271***	2.383***	2.327***	2.389**
	(5.82)	(5.90)	(5.88)	(6.15)	(6.01)	(5.67)
ImitationDensity	1.080***	0.959***	0.949***	0.946***	0.812***	0.780***
	(6.36)	(5.62)	(5.57)	(5.53)	(4.73)	(4.20)
AboveAspiration		-0.0278	-0.027	-0.013	0.034	-0.091
		(-1.81)	(-1.91)	(-1.38)	(-1.87)	(-1.70)
BelowAspiration		-0.474***	-0.600***	-0.487***	-0.431***	-0.500**
		(-7.25)	(-8.00)	(-7.24)	(-5.79)	(-2.87)
SocialCapital			-0.0143			-0.005
			(-1.20)			(-0.16)
HumanCapital				-0.032***		-0.033***
				(-5.93)		(-3.05)
BoordStock					0.310***	0.438***
					(4.22)	(3.55)
AboveAspiration ×			-0.118			-0.166
SocialCapital			(-1.52)			(-1.68)
BelowAspiration ×			-0.387			-0.413
SocialCapital			(-1.45)			(-1.26)
AboveAspiration ×				0.0403		0.054
HumanCapital				(1.44)		(0.79)
BelowAspiration ×				-0.037		-0.013
HumanCapital				(-0.81)		(-0.14)
AboveAspiration ×					0.954*	1.349
Boardstock					(2.23)	(1.59)
BelowAspiration ×					0.321	1.549
Boardstock					(0.41)	(0.69)
Cons	-1.645***	-1.756***	-1.826***	-1.698***	-1.640***	-1.730***
	(-3.90)	(-4.13)	(-4.26)	(-3.98)	(-3.86)	(-3.95)
Years	Controlled	Controlled	Controlled	Controlled	Controlled	Controlled
Pseudo R^2	0.0993	0.1039	0.1048	0.105	0.107	0.1095

续表

	模型 1	模型 2	模型 3	模型 4	模型 5	模型 6
LR chi2	2253.74	2358.16	2379.14	2381.89	2427.49	2484.09
N	1774	1774	1774	1774	1774	1774

注：*、**与***分别表示10%、5%与1%的水平下显著，括号内为t值。

表4－7为董事会资本构成对绩效与期望差距形成并购决策的影响，以ROE为绩效指标。表4－7的回归结果基本和表4－6的回归结果保持一致。对于董事会社会资本而言，面对绩效与期望的正向反馈形成的并购决策，董事会社会资本对于并购决策的支持更为明显。在模型3与模型6中，董事会社会资本与企业绩效正向差距的交互项系数为－0.118和－0.116，对应的t值分别为－1.52和－1.68，这一结果基本支持了研究假设H1b。对于董事会与CEO人力资本的异质性而言，模型4的回归结果显示，董事会与CEO人力资本的异质性对于绩效正向反馈下并购决策的数量具有明显的弱化作用，董事会与CEO人力资本异质性与企业正向偏差的交互项系数为0.0403，对应的t值为1.44，与预期结果相同，这一结果基本支持了研究假设H3b的稳健性，对于研究假设H3a而言，董事会与CEO异质性对绩效负向差距下形成的并购决策数量并未有明显的抑制作用，研究假设H3a并未得到稳健性的支持。对于董事会持股比例而言，面对绩效与期望差距的正向反馈下形成的并购决策，持有股票激励的董事会仍然是降低了随后并购决策的数量。模型5和模型6的回归结果显示，董事会持股与绩效和期望的正向反馈之间的回归交互项系数为0.954和1.349，对应的t值分别为2.23和1.59。其中模型5的回归系数在10%的水平下显著，这一结果支持了研究假设H4b的稳健性，表明持有股票的董事会在面对绩效正向落差时形成的并购决策提议时，对于继续增加并购数量的决策起到了抑制作用。

三、讨论与结论分析

在本章中，我们试图回答，在企业行为理论和基本决策框架下，董事会基于绩效反馈的反应如何影响并购决策？为了解答这一问题，我们借助董事会资本构成的概念，构建了董事会社会资本、董事会人力资本以及董事会被激励程度三个维度，用以分析董事会基于绩效反馈的反应。董事会面对绩效反馈形成决策提议的反应既需要以绩效反馈为基本条件，也需要以董事会履职的能力基础为基本条件，这两种条件共同构成了董事会反应的决策框架，从而形成了董事会面对绩效反馈时的反应规律。

我们通过董事会资本构成的三个维度发现，董事会作为决策的另一主体对于绩效反馈的反应行为对于并购决策的完成有重要的影响，董事会为并购决策的完成提供多大程度的支持依赖董事会资本的构成。董事会资本构成对于决策的影响可能不同于 CEO 面对绩效反馈如何形成并购决策提议的方向，对于绩效反馈的正向和负向偏差形成的决策提议反应也有一些细微的区别。我们将本章研究假设的通过情况汇总，形成表 4－8。

表 4－8　研究假设通过情况汇总

并购决策 / 董事会资本构成	绩效与期望负向差距		绩效与期望正向差距	
	假设及预期	研究结果	假设预期	研究结果
董事会社会资本	H1a 正调节	基本支持	H1b 正调节	完全支持
董事会—CEO 人力资本异质性	H2a 正调节	完全支持	H2b 正调节	不明显
	H3a 负调节	不支持	H3b 负调节	支持
董事会被激励程度	H4a 负调节	不明显	H4b 负调节	基本支持

根据表 4－8 的汇总结果，董事会对于绩效的反馈下并购决策形成的反应即受限于给定的绩效反馈条件，还受限于董事会资本构成，这些条件形成了董事会面对绩效反馈对于并购决策提供支持的规律，解释了董事会对绩效反馈下的决策提议影响在企业之间的差别。

首先，董事会社会资本明显支持了绩效反馈下并购决策的形成。通过对董事会社会资本，即繁忙董事对于绩效反馈下并购决策形成的假设检验，具有较高社会资本的董事会在面对绩效反馈形成的问题搜寻时，为并购决策完成提供的支持程度更高；在是否进行并购的决策时，更高社会资本的董事会更愿意在绩效正向反馈时提供较大程度的支持，因为这些支持在面对绩效与期望正向差距时表现得更为明显。这更符合繁忙董事的声誉激励假说，由于市场对繁忙董事的认可度较高，繁忙董事的薪酬水平较高（Keys & Li，2005），因而，他们更有意愿在维护自己的声誉方面努力为企业提供更多的决策支持；而由于这些繁忙董事的丰富经验，在面对负向反馈时，是否进行并购决策时表现得更为谨慎，在增加并购决策数量方面具有更为丰富的经验和隐性技能。

其次，董事会与 CEO 人力资本异质性对于并购决策形成中的成功率和随后的数量的支持程度不同。具体而言，通过对董事会与 CEO 的人力资本异质性于并购决策形成的关系检验，区分了这种异质性对于并购决策完成概率的影响，即成功性的影响，以及对于随后形成的并购数量的影响。研究结果显示，董事会与 CEO 异质性对于并购决策形成成功概率的影响在绩效与期望负向差距形成并购决策时较为明显，而在正向差距时并不明显，这些结果表明，在面对绩效负向反馈时，董事会的介入程度更深，这种精细化的信息结构过程促进了并购的成功性。而同时，董事会与 CEO 之间的异质性对于并购决策数量有明显的减弱作用，尤其是在面对绩效与期望正向差距形成并购决策时，在面对负向差距形成并购决策数量时的影响反而与之相反。这一结果也同样来源于对绩效反馈信息的解构和争论在异质性的团队中更为充分，从而延长了并购的时间并最终降低了并购决策的数量，但在面对负向反馈时异质性的董事会更愿意帮助 CEO 提高数量。

最后，董事会持股对绩效反馈下形成并购决策也有影响。这一结果在是否做出并购决策以及在已经形成并购决策后是否继续增加数量方面有一定区别。研究进一步发现，在面对绩效期望是否进行并购决策时，持股董事会没有明显作用，但是在增加数量方面出现了显著的抑制作用，尤其是在面对正向反馈增加并购决策数量时表现得更明显。这一细微的差别表明董事会持股对于并购决策的作用会随着绩效差距的转换而发生变化。

虽然大多数研究假设在本章中得到了显著支持，但仍然有些研究假设并未得到明显的支持，如研究假设 H3a 与研究假设 H4a。这种结果缘于董事会对待绩效正向反馈促成的并购决策和负向反馈促成的并购决策支持程度不同。对于研究假设 H3a 而言，董事会—CEO 人力资本异质性越高的董事会，在面对绩效与期望的负向反馈时并没有出现明显降低决策形成数量的结果。产生这一结果可能有两种原因，首先在于负向反馈时董事会更深程度的介入促进了一次性并购的成功性。其次面对负向的结果，董事会对 CEO 努力的结果争议减少，此时的并购在于帮助企业摆脱整体损失的位置，而非 CEO 个人利益的追求，因此董事会可能没有对 CEO 的行为有严格的控制。对于研究假设 H4a 而言，尽管持股增加了董事会的财富水平，从而提高了董事会监督动机和风险规避程度，但股票财富具备极大的波动性，根据上一章前景理论的研究成果，由盈利转入损失时，董事会也能受到损失厌恶的影响，从而在亏损时希望 CEO 进行并购决策以扭转这一位置。这些为个别研究假设不显著提供了一定程度的解释。

在企业行为理论研究中，企业形成决策的重要原因在于评估绩效与期望水平之间的差距，这些差距导致企业形成问题搜寻的决策行为以及风险承担行为（Audia & Greve，2006；Baum et al.，2005；Iyer & Miller，2008）。但是，这些理论大多数认为企业决策行为的产生源于问题搜寻，而忽视了决策方向和形成过程受到不同主体的塑造和影响。我们在上一章认为决策提议形成的方向可能源自 CEO 面对绩效反馈形成的损失厌恶、赌场盈利效应以及模仿性行为过程。在本章中，进一步的研究显示，在董事会决策屋内另一影响并购决策完成的主体在于董事会对于并购决策的支持程度。在企业行为理论中，决策形成的过程被认为建立在未解决的冲突之上，企业决策行为面临的是需要重新谈判的环境。在这些环境中，董事会作为与 CEO 存在冲突的最重要的决策主体之一，显然对于决策过程的影响起到了重要的作用。

本章的研究表明了董事会面对绩效反馈的反应以及对于并购决策的支持程度建立在董事会资本构成的基础之上。在以前的研究中就曾有人认为，董事会的一些反应需要建立在特定的条件之上，如损失，对 CEO 更为有利等情景时，才能够引起董事会的重视（Krause et al.，2013，2014；Tuggle et al.，2010）。董事会资本构成作为董事会反应行为的基础解释了不同企业对于绩效反馈下并购决策支持程度的区别，这一研究更为详细地解释了董事会对于 CEO 决策的反应可能建立在一些特定的条件之上。

事实上，在此之前，有关企业行为理论的研究建立在问题搜寻（Problemistic Search）基础上对于企业绩效与期望的反馈与随后的风险承担行为已经找到了研究支持（Gaba & Bhattacharya，2012；Gaba & Joseph，2013），本章的研究基础以及部分研究结论与这些研究相一致。在最初的企业行为理论的实证研究中，问题搜寻被运用于企业随后的变革行为。Audia 和 Greve（2006）的研究发现，面对绩效低于历史期望水平的反馈，企业会在随后增加变革力度，这在大企业中表现得尤为明显，这一研究被认为对问题搜寻的应用边界做了很好的拓展（Gavetti et al.，2012）。在本章中，我们使用企业并购作为对这一问题的研究，通过董事会群体对于这一决策的影响分析，继续拓宽了有关问题搜寻决策的应用范围。

在本章，我们聚焦于企业董事会决策主体，回答了董事会团队在并购决策框架中，作为第二个介入阶段，面对绩效反馈时对并购决策形成的影响。讨论了董事会面对绩效反馈的反应行为对随后的并购决策完成产生了多大程度的影响，虽然董事会对于 CEO 的决策提议结果表现为支持或是拒绝，但是这一过程中董事会的支持程度和行为规则在企业之间有明显的差异，原因在于董事会面对绩效反馈和自身的行为基础所构成的决策行为框架不同。借助董事会资本构成对于绩效反馈下并购决策形成的研究结果，本书的研究证实了，尽管可能存在一些职能对于行为的塑造，但是面对并购决策的形成，董事会团队的介入程度以及支持程度依赖于董事会社会资本、与 CEO 之间的人力资本异质性，以及自身持有的可变财富水平。董事会资本构成影响了董事会在面对绩效反馈时的谨慎态度，包括从其他企业董事会获得的行业技能和并购经验、对于信息的解构程度、对于并购决策的介入程度以及对待风险的态度。董事会资本构成使得董事会团队在面对绩效反馈时能够为并购决策提供的支持程度更高，特别是在面对正向绩效反馈时；董事会与CEO之间的人力资本异质性程度使得面对绩效时信息结构更充分，对于并购成功性的支持更高，但是在正向反馈时可能会降低并购数量形成的频率；此外董事会持股提高了董事会的风险规避程度，尤其是面对绩效落差缩小时增加并购数量的决策。

四、本章小结

本章讨论了在企业绩效反馈下，董事会对于并购决策的影响。作为企业决策过程中CEO形成决策提议之后的决策主体，董事会在介入决策过程之后对于并购决策产生了重要的影响。借助董事会资本构成，结合绩效反馈的条件，对董事会是什么样的能力基础，以及面对怎样的绩效反馈两个基本条件形成了决策框架。这一框架回答了董事会面对绩效反馈的反应对于并购决策的影响这一研究问题，分别从董事会资本构成的三个维度分析了董事会对于并购决策提供的支持程度，以此来探讨董事会面对绩效反馈对于并购决策的不同影响。本章的实证结果基本支持了研究假设。

第五章　研究结论与政策建议

本章将围绕本书的核心研究问题以及各章的研究结果总结所形成的研究结论，以及据此形成对于并购行为以及董事会—CEO 为主体的决策建议，本章的最后部分包括了对于研究局限性以及未来研究方向的探讨。

第一节　研究结论

本书聚焦于董事会—CEO 的决策阶段，用以解释在当前绩效波动给企业董事会—CEO 决策层带来的反馈，从而引起的并购决策行为。研究问题在于，面对预期目标与实际绩效落差的反馈，董事会—CEO 作为企业的多重决策主体，分阶段的反馈—反应过程如何影响企业随后并购决策的完成？由于企业决策的主体为 CEO 与董事会，并且在决策过程中这两个主体分阶段介入，因此，将研究问题依照决策主体分解为两个部分，分别为：在企业并购决策的形成阶段，CEO 基于绩效反馈的反应如何影响决策的形成？以及董事会基于绩效反馈的反应如何影响并购决策的完成？

本书研究分为两个部分，在董事会—CEO 形成的基本决策框架中，并购决策提议的形成主要以 CEO 个体为主导，使用了企业行为理论中绩效反馈形成的问题搜寻机制，分析了 CEO 个体基于绩效反馈的损失厌恶、赌场盈利效应和模仿性行为过程对于并购决策形成的影响，解释了问题搜寻机制在企业之间的差异性。

在决策框架中董事会随后介入了这一决策，对于这一决策起到了支持或拒绝的影响，借助董事会资本构成分析了董事会在并购决策基于绩效反馈形成之后在多大程度上为这种决策的最终完成提供了支持；分别分析了董事会社会资本、董事会人力资本、董事会被激励程度、董事会对于绩效反馈下并购决策提议形成的影响，这些结果为董事会如何支持绩效反馈引起的并购决策行为提供了证据。具体而言，研究结论围绕绩效反馈下董事会与 CEO 决策主体分阶段的反馈—反应过程，主要形成了以下研究结论：

一、CEO 基于绩效反馈的反应行为对并购决策形成的影响

本书研究虽然基于企业行为理论的绩效与期望水平的差距形成问题搜寻机制，但这一过程并不能从高管的决策层面解释决策形成和在企业之间的差异性。为此，我们使用了企业行为理论和高管层决策框架来打开企业并购决策提议的前置，绩效反馈引起了问题搜寻的决策，而同时 CEO 个体面对绩效反馈所形成的损失厌恶、赌场盈利效应以及模仿性行为过程共同形成了并购决策提议，上述过程是 CEO 在面对绩效与期望差距反馈时的反应，这些反应共同解释了企业并购决策的形成方向以及并购决策在企业之间的不同。

相对于并购决策以往的动因研究，企业并购决策形成动因注重对于并购决策所创造的价值以及并购对企业利益的最大化提升，这种期望效用的理论逻辑一直在解释并购决策的形成。本文聚焦于对 CEO 面对绩效差距的反馈时所形成的行为过程，沿用了企业行为理论的恰当性逻辑，以及前景理论的有关内容，在面对绩效与期望差距反馈时，CEO 对于这些反馈的风险态度，心理和认知过程作为 CEO 的反应促成了并购决策提议的形成。具体而言在这一过程中的研究结论如下：

第一，面对绩效与期望差距的正向反馈逐渐缩小，CEO 在随后会增加并购决策。这是由于处在收益位置的 CEO 倾向于维持当前期望水平，以及

收益位置财富水平的逐渐降低使得个体决策产生损失厌恶的过程。面对绩效与期望差距的负向反馈逐渐缩小，CEO 也会在随后增加并购决策。这是由于损失位置的个体更愿意承担风险，但同时受到财务资源以及信息搜寻成本的限制，从而使企业并购决策在绩效低于历史期望水平越小时越容易发生。

第二，在面对绩效与期望的正向反馈缩小时，研究发现以前年度在资本市场上获得较高超额收益的企业更容易形成并购，原因在于赌场盈利效应，即在资本市场获利的企业更愿意继续将所得投入到资本市场中进行并购，但是这一现象在 CEO 面对绩效与期望负向反馈时并不成立，原因在于企业在经历了负向差距之后更在意眼前的收益，而非风险性的收益，在初次遭受损失之后会更为谨慎。而只有处于收益位置的 CEO，更愿意将“赌场的钱”投入到风险决策中，这一现象更符合赌场盈利效应假说，在经历较高的市场超额收益之后，潜在的损失对于 CEO 带来的痛苦感可能被弱化了。这一结论也表明企业在股票市场上的收益情况可能会成为随后进行并购决策的重要参照点。

第三，在面对绩效与期望形成的正向差距时，研究发现可模仿密度对于 CEO 随后的并购决策正向调节作用明显，正向差距缩小引起的并购决策在可模仿密度较高时的趋势会被进一步加强。但是这种趋势在面对绩效负向反馈形成的并购决策时并不明显，甚至在决策数量上，可模仿密度的增加对于绩效低于期望的企业出现了明显的挤出效应，在负向差距时，模仿性与损失厌恶的动机都过于强烈，没有形成互补，而是在相互替代。

这些研究对于解释企业相对绩效而非绝对绩效引起并购决策的原因提供了更为详细的证据。我们使用了企业行为理论和前景理论等社会心理学理论解释了面对绩效波动引起了 CEO 对于损失和潜在损失的厌恶、赌场盈利效应以及模仿性行为。这些研究表明，在面对绩效与期望正向差距缩小以及绩效与期望出现负向差距时，CEO 在随后会更倾向于形成并购决策以此来避免损失。而同时，以往积累的市场超额收益在正向反馈时会形成赌场盈利效应增加并购决策形成的趋势，而模仿性行为在正向反馈时也会增加这种趋势。

这些研究结论为企业行为理论下问题搜寻机制在高管层面，CEO 如何做出并购决策提供了一些新的解释，尤其是在管理层面对绩效反馈形成的反应方面，反映了对于绩效评估的过程，形成参照点预判是否能够达到或维持，或扭转随后的绩效会影响并购决策的形成，以及企业以前积累财富的来源和行业中可参照样本的行为，都会塑造决策的方向。

二、董事会基于绩效反馈的反应对并购决策完成的影响

本书讨论了 CEO 在形成并购决策提议之后，董事会基于绩效反馈的反应在决策阶段中对于这些并购决策提议所起到的影响作用。尽管面对 CEO 形成的决策提议，董事会所形成的支持反应或不支持反应成为其决策的主要结果，但是这些支持程度在企业中随着董事会的行为基础而发生变化。

董事会面对绩效反馈的反应既受限于给定的绩效差距，也受限于董事会的行为基础。其中，董事会的行为基础除了给定的职能机制之外，还建立在董事资本构成的基础之上，这些条件共同形成了董事会在给定框架下的反应行为对于决策的支持程度。主要结论如下：

第一，董事会社会资本以繁忙董事为代表，在面对绩效正向反馈时对于企业并购决策的成功性，提供的帮助更大，而在面对负向反馈时繁忙董事对于是否做出并购决策并没有提供明显的帮助；董事会社会资本对于增加并购决策数量方面，在面对绩效正向反馈时所提供的支持程度也更大。这些结果表明，更为繁忙的董事会由于其丰富的经验与更高的资源提供能力和咨询能力，面对董事会形成的并购决策所提供的支持会更多，而同时，更为繁忙的董事会由于对于自身声誉的维持，以上这些作用会在面对绩效与期望正向反馈形成并购决策时表现得更为明显。

第二，进一步的研究聚焦于董事会的人力资本，发现了董事会与 CEO 之间的人力资本异质性对于并购成功性和并购频数之间的关系。通过对董事会与 CEO 人力资本异质性与并购决策形成的研究，在面对绩效负向反馈形成的并购决策时，异质性的董事会团队介入程度更深，对于信息的解构

程度更好，这时反而促进了并购决策的成功形成，在面对正向绩效反馈时，异质性的董事会介入并不明显。而对于增加并购数量而言，在正向绩效反馈形成并购决策的增加时，异质性明显降低了并购决策的数量，但这一现象在负向反馈促成并购决策时并不成立。这些研究结论证明了董事会资本构成中社会资本成为了董事会行为的基础，影响了董事会对于并购决策如何支持。在以往的研究中，异质性的董事会与 CEO 往往被认为冲突更多，从而可能形成更为严重的代理问题（杨俊等，2010）。尽管如此，由于异质性的董事会团队对于 CEO 的代理问题在负向反馈时更为敏感，更容易在绩效低于历史期望时介入决策中。同时，异质性的董事会团队对于绩效反馈和以往并购经验的解析会更为充分，从而有可能提高并购决策的成功性。这一特质对于并购决策的数量增加也有明显的抑制作用，异质性的董事会由于其更为充分的决策讨论与信息解构过程，从而能明显降低并购增加的速度，尤其是在面对绩效正向反馈形成并购决策时。

第三，研究发现了董事会持股对于并购决策的影响。相对于 CEO 的损失厌恶而言，持有股票的董事会更倾向于维持当前的财富水平，尤其是在继续扩大并购数量方面。并且，持有股票薪酬的董事会整体权力看上去似乎更大（Feckstein，1992），这些较高的权力对于 CEO 通过增加并购数量实现企业规模扩张的行为具有一定的抑制作用。

第二节　政策建议

一、对投资者的建议

本书研究为企业投资者和潜在的收购者提供了一个更为深入的企业如何形成并购决策的视角。在有关企业并购决策的形成过程中，企业绩效波动的变化不仅在于绝对值的变动，而是与其以往绩效所形成的期望水平相比较，形成了参照点，并且企业在试图维持这些水平，面临高期望水平的压力。因此，不论是绩效好的企业还是绩效较弱的企业，投资者对于企业形成并购的原因应该更注重企业的绩效水平低于或高于所形成的高期望，这会直接影响企业随后的风险承担意愿。

对于分析师、投资者而言，需要站在管理层的视角，仔细评估企业高层所面临的决策分析框架究竟是什么，至少需要清楚当前的企业决策者面临什么样的绩效反馈，当前决策者是什么样的基本构成，在这些条件下他们会形成什么样的行为规律，尤其是在管理层以前取得的成就以及当前绩效波动所带来的压力时。尽管企业做出并购可能是由于被收购方为企业带来的价值增加，或者增强市场力量及控制相关资源，但本书的研究表明，对于这些分析者和投资者而言，还需要密切注意企业 CEO 所面临的压力和决策环境，以此来预测企业决策者随后形成的决策行为。对于分析师和投资者而言，需要将企业所面临的绩效反馈以及市场绩效反馈综合考虑，以此来评估企业随后承担风险的意愿以及随后取得收益的风险程度。

二、对董事会—CEO 决策的建议

考虑董事会的行为应该注重董事会决策面临的基本条件框架，这些条件分别为：董事会面临怎样的绩效反馈环境，董事会是什么样的基本构成，在这些条件下董事会会形成怎样的行为规律。因此，董事会应该在不同的决策类型中充分利用董事会资本构成特征所带来的优势。在以往的研究中，有关企业并购决策的形成被认为主要由 CEO 主导，而对于董事会的研究则注重阐述董事会经验对于并购决策的影响，以及董事会职能作为制约和监督 CEO 的主体，对于并购决策中溢价作用的限制。繁忙性的董事会往往被认为会分散其履职时间，从而有可能弱化他们在并购决策中的作用，但是本书的研究结果显示，面对绩效反馈的信息、问题搜寻是决策的形成过程中，“问询”于繁忙的董事，反而能够得到更多的支持。因而对于董事会建设而言，需要明确在面对信息搜寻成本较高的决策类型时，董事会中的繁忙董事的优势如何被充分利用以及如何被充分激励，这显得更为重要。

同时，董事会应该更为充分地利用异质性团队所带来的深度学习效应。虽然在以往的研究中，异质性董事会被认为带来更多的资源或者更能够制约 CEO 的行为，但本书的研究结论表明，董事会与 CEO 之间的异质性反而会促进决策双方的深度学习，以及在绩效负向差距下对决策提供更多的支持。这些异质性特征在正向反馈形成决策时并未明显表现出在反对 CEO 决策的作用，只是降低了 CEO 的并购决策速度。这些结果表明，董事会需要更充分地利用董事会与 CEO 之间的异质性，不仅在于监督和制约 CEO 形成决策冲突，还需要重视异质性的董事会容易在绩效正向反馈时对于 CEO 决策保持的中立态度、在负向反馈时对于信息结构的充分性以及支持作用，以及对于降低某种决策速度的作用。

董事需要考察 CEO 面对绩效反馈所形成的行为过程，从而更充分地理解 CEO 形成某项决策提议的原因。在面对企业绩效反馈时，CEO 作为个体决策者容易形成一些参照点，而由于绩效考核的压力，其承担风险的意愿可能随时发生变化。除此之外，董事会应该注重 CEO 形成某项决策的信息搜寻成本。在形成并购决策的过程中，事实上搜寻到更为准确的信息和更为有益的方案具备相当的难度，而此时信息搜寻成本较低的方案反而更容易提出，董事会在评估这些决策方案时需要认真考虑决策方案中的信息搜寻成本，从而为其随后的风险和收益的预判提供更充分的证据。

在面临并购决策时，企业需要谨慎对待股权激励的董事会支持或拒绝的态度。在企业董事会建设中，要求董事会能够客观中立地表示意见，而股权激烈可能改变了绩效下降或上升时董事会对于并购决策的态度。董事会并不仅仅依靠对于绩效指标来评估 CEO 的决策提议，在持有股权激励之后，董事会基于绩效反馈调整了对于股票未来财富的预期；并且，由于这些预期的风险性和波动性，有可能使董事会的中立态度转为风险规避态度，更倾向于维持现有的位置和财富。而在欧美国家对于高管及董事会团队的激励中，由于考虑到了股票激励的风险性，已经开始使用大量的股票期权激励代替股票激励，股票期权的使用相对于股票而言，能够使董事会或高管在形成及对待决策时保持风险中立的态度，因为股票期权由于行权期的存在，能够降低损失的概率以及提高收益的概率。

第三节　研究局限与研究展望

一、研究局限

本书沿着企业行为理论问题搜寻的视角分析了绩效与期望差距的反馈对于并购决策形成的影响，沿着这一思路结合企业的决策主体以及决策的两个阶段分析了 CEO 面对绩效反馈的反应对于并购决策提议形成的影响，以及随后董事会资本构成对于并购决策完成的支持。建立在企业行为理论中绩效反馈的基础上，通过聚焦于董事会—CEO 的战略领导层面，发现了绩效反馈对于 CEO 反应的促成，形成了并购决策的方向和在企业之间的差异以及随后董事会群体对于这一过程的支持建立在董事会资本构成对的基础上。这些研究对于企业行为理论的应用进行了扩展，也为并购决策的形成从恰当性逻辑到决策主体对待绩效反馈的态度如何影响并购决策提供了很好的补充。但在这一研究过程中，可能在以下方面还存在一些局限性。

第一，对于企业绩效反馈的测量虽然已经使用了 ROA 与 ROE 以及市场超额报酬，但在以后仍需要更为细致地进行区分。虽然使用了企业历史绩效，尤其是会计绩效的两种形式作为期望水平，以此来探讨绩效反馈对于并购决策的影响研究，但事实上，最近的一些研究表明，不同形式的企业绩效可能引起企业的反应不同（Kim et al.，2015）。因此，使用会计绩效并不能够完全反映绩效反馈对于企业带来的全部影响，由于研究篇幅的限制，并没有使用其他市场绩效以及社会绩效等更为充分的指标，这一局限可能会使绩效反馈对于企业决策的影响不够细致。

第二，围绕绩效与期望水平的差距构建了三种社会心理过程来解释并购决策的形成，但是仍然缺乏近距离的观察 CEO 真实的心理过程。在现有研究中已经形成了一种共识，即越接近行为或动机特征，对于其随后决策行为的预测能力会越强（Gamache et al.，2015），因此限于公开数据本身以及实证研究方法的局限性，进一步接近 CEO 的心理动机或其动机特征较为困难。虽然我们借鉴了面对绩效反馈形成的三个重要的行为过程构建了 CEO 反应的分析框架，但是可能还有其他的一些心理过程需要继续被探讨。并且有关能够影响企业并购行为的特殊制度，如反收购法案，将充当 CEO 决策框架的约束条件，这些制度因素也可能会引起 CEO 的反应。CEO 与董事长的关系和不同类型，同样影响 CEO 形成决策提议的过程。限于研究篇幅，在本书中并未构建，随着研究的发展，另外一些不同的心理动机和行为过程可能会被逐渐发现。

第三，借助董事会资本构成作为董事会基于绩效反馈的反应基础，用以探讨董事会面对绩效反馈的反应对并购决策的支持，这一过程同样为间接的过程。尤其是并没有获取到详细的董事会中 CEO 决策提议的数据信息，以及董事会对这种决策提议在董事会决策屋内的讨论与支持过程。此外，董事会社会资本如兼职董事能够为企业带来更多的经验，从而为并购决策提供更多的支持，异质性的董事会团队会在决策过程中带来更高水平的争论以及更为详细的信息解构过程，这些学习过程仍然缺少近距离的观察。在未来的研究中，需要对董事会决策过程做出更为直接的观察以及研究。

第四，使用了 2011 ~ 2015 年制造业企业的并购样本，这些样本并没有覆盖全部行业。虽然对于样本的选取建立在并购事件发生最多的行业，但是一些特殊的行业近年来并购事件的发生上升速度也很快，如金融行业、信息技术行业、房地产行业。除此之外，主板成熟市场的企业与创业板和中小板的新兴企业并购动机产生的原因可能并不同，已有研究表明，新 IPO 企业可能就指向并购目标（Celikyurt et al.，2010），因此，在以后的研究中，可以将研究样本扩展到更多的行业，并且将样本的区间扩大，以便形成更为稳健的研究结论。

二、研究展望

在本书研究的基础上，未来可以继续延伸的研究机会如下：

第一，并不局限于企业绩效的期望作为参照，历史绩效、财务绩效、市场绩效和社会绩效等标准，而是将其扩展到投资者和外部利益相关者的期望水平，研究这些投资者的期望水平和外部利益相关者的期望水平与企业的某一显示情况形成的反馈如何影响决策者随后的并购决策行为。因为在有关企业行为理论的研究中，行为理论下问题搜寻的产生并不一定局限于历史绩效，不同的绩效标准对于企业所带来的反馈行为不同，这些不同的绩效指标可能会引起 CEO 不同的动机以及行为过程。

第二，对于 CEO 或董事会的行为过程如何影响并购决策的形成以及对其支持程度可以建立在更为直接的研究基础上。尽管这些数据很难获取，但是这些直接观察到的动机特征和行为特征对于解释随后并购决策的形成将更为有力。因此，未来的研究应该在 CEO 认知以及动机特征方面继续进行更为深入的研究。

第三，对于董事会资本构成借鉴了董事会资本和董事会行为属性的研究成果，从社会资本即兼职董事、人力资本异质性以及持股比例三个方面探讨了董事会面对绩效反馈对于并购决策的支持程度，这些支持建立在异质性的学习理论基础以及董事会资本的资源依赖理论之上。在未来的研究中，这些维度可以被继续扩展，如对于社会资本可以继续扩展到其网络位置、人力资本的异质性方面可以拓展到更多的人口统计学特征，以及被激励程度可以在后续样本中基于最新的激励方式展开研究。

第四，对于损失厌恶、赌场盈利效应以及模仿性行为过程的测量仍然宽泛，并且建立在董事会资本构成基础上，探讨了董事会资本构成的资源提供能力和咨询能力，以及异质性团队的学习和信息结构能力并没有建立在更为详细而严格的条件和背景之下。在未来的研究中，这些理论的运用可以在更为严格的条件设定下研究，以此来探讨 CEO 或董事会的心理价值函数形成，及其决策框架和评估特点，或许会得出新的研究结论。

第五，虽然在模型中控制了年度作为宏观经济因素对于并购决策的影响，但是有关不同地域的制度、法律和环境因素可能在塑造着决策者对于风险的态度和承担风险的意愿，以及影响了并购决策形成的信息搜寻成本和并购完成的交易成本。在我国的不同地区，其可模仿的密度以及上市公司数量存在较大差别，这些宏观的制度环境如何嵌入到绩效反馈以及企业行为理论的问题搜寻之中，都可能为以后的研究带来新的研究机会和研究方向。如果继续细分并购类型，也能形成更为充分的企业行为理论下的并购研究成果。

参考文献

[1] 陈立敏，刘静雅，张世蕾．模仿同构对企业国际化——绩效关系的影响——基于制度理论正当性视角的实证研究［J］．中国工业经济，2016（9）：127－143.

[2] 陈仕华，卢昌崇，姜广省等．国企高管政治晋升对企业并购行为的影响——基于企业成长压力理论的实证研究［J］．管理世界，2015（9）：125－136.

[3] 陈仕华，姜广省，卢昌崇．董事联结、目标公司选择与并购绩效——基于并购双方之间信息不对称的研究视角［J］．管理世界，2013（12）：117－132.

[4] 初春虹，叶陈刚，申斐．高管权力与企业并购绩效研究——基于产权性质视角［J］．软科学，2016（30）：95－99.

[5] 邓建平，曾勇，何佳．关联并购重组：根源与后果［J］．管理学报，2011，8（8）：1238－1246.

[6] 方军雄．政府干预、所有权性质与企业并购［J］．管理世界，2008（9）：118－123.

[7] 方明月．资产专用性，融资能力与企业并购——来自中国A股工业上市公司的经验证据［J］．金融研究，2011（5）：156－170.

[8] 傅颀，汪祥耀，路军．管理层权力、高管薪酬变动与公司并购行为分析［J］．会计研究，2014（11）：30－37.

[9] 韩洁，田高良，杨宁．连锁董事与并购目标选择：基于信息传递

视角 [J]. 管理科学, 2014, 27 (2): 15 - 25.

[10] 贺小刚, 连燕玲, 吕斐斐. 期望差距与企业家的风险决策偏好——基于中国家族上市公司的数据分析 [J]. 管理科学学报, 2016, 19 (8): 1 - 20.

[11] 扈文秀, 杨栎, 章伟果. 高管社会联结与并购绩效——来自中国 A 股上市公司的经验证据 [J]. 软科学, 2016 (11): 76 - 80.

[12] 黄旭, 徐朝霞, 李卫民. 中国上市公司高管背景特征对企业并购行为的影响研究 [J]. 宏观经济研究, 2013 (10): 67 - 73.

[13] 江若尘, 莫材友, 徐庆. 政治关联维度、地区市场化程度与并购——来自上市民营企业的经验数据 [J]. 财经研究, 2013 (12).

[14] 姜付秀, 张敏, 陆正飞等. 管理者过度自信、企业扩张与财务困境 [J]. 经济研究, 2009 (1): 131 - 143.

[15] 姜付秀, 朱冰, 唐凝. CEO 和 CFO 任期交错是否可以降低盈余管理 [J]. 管理世界, 2013 (1): 158 - 167.

[16] 杰弗里·菲佛, 杰勒尔德·萨兰基克. 组织的外部控制 [M]. 北京: 东方出版社, 2006.

[17] 李建标, 李朝阳. 信任的信念基础——实验经济学的检验 [J]. 管理科学, 2013 (2): 62 - 71.

[18] 李婧, 贺小刚, 连燕玲等. 业绩驱动, 市场化进程与家族企业创新精神 [J]. 管理评论, 2016, 28 (1): 96 - 108.

[19] 李善民, 陈文婷. 企业并购决策中管理者过度自信的实证研究 [J]. 中山大学学报 (社会科学版), 2010, 50 (5): 192 - 201.

[20] 李善民, 周小春. 公司特征、行业特征和并购战略类型的实证研究 [J]. 管理世界, 2007 (3): 130 - 137.

[21] 李维安, 陈钢. 高管持股、会计稳健性与并购绩效——来自沪深 A 股上市公司的经验证据 [J]. 审计与经济研究, 2015 (4): 3 - 12.

[22] 理查德·西尔特, 詹姆斯·马奇, Richard Cyert 等. 企业行为理论 [M]. 北京: 中国人民大学出版社, 2008.

［23］连燕玲，贺小刚，高皓．业绩期望差距与企业战略调整［J］．管理世界，2014（11）．

［24］林钟高，徐虹，芮晨．外部盈利压力、内部控制与上市公司并购［J］．审计与经济研究，2016（3）：21－30．

［25］刘春，李善民，孙亮．独立董事具有咨询功能吗？——异地独董在异地并购中功能的经验研究［J］．管理世界，2015（3）：124－136．

［26］刘笑萍，黄晓薇，郭红玉．产业周期、并购类型与并购绩效的实证研究［J］．金融研究，2009（3）：135－153．

［27］刘新民，王垒，吴士健．CEO 继任类型对战略变革的影响研究：高管团队重组的中介作用［J］．管理评论，2013，25（8）：102－112．

［28］刘星，吴雪姣．政府干预、行业特征与并购价值创造——来自国有上市公司的经验证据［J］．审计与经济研究，2011，26（6）：95－103．

［29］罗付岩．银行关联对企业并购投资的影响研究［J］．财经论丛，2016，214（12）：56－64．

［30］马连福，冯慧群．董事会资本对公司治理水平的影响效应研究［J］．南开管理评论，2014（2）：46－55．

［31］迈克尔·希特，杜安·爱尔兰，罗伯特·霍斯基森等．战略管理：概念与案例［M］．北京：中国人民大学出版社，2012．

［32］潘红波，余明桂．支持之手、掠夺之手与异地并购［J］．经济研究，2011（9）：108－120．

［33］申慧慧，于鹏，吴联生．国有股权、环境不确定性与投资效率［J］．经济研究，2012（7）：113－126．

［34］施继坤，刘淑莲，张广宝等．管理层缘何频繁发起并购：过度自信抑或私利［J］．华东经济管理，2014（12）：84－90．

［35］宋淑琴，代淑江．管理者过度自信、并购类型与并购绩效［J］．宏观经济研究，2015（5）：139－149．

［36］唐建新，陈冬．地区投资者保护，企业性质与异地并购的协同

效应［J］. 管理世界，2010（8）：102－116.

［37］田高良，韩洁，李留闯．连锁董事与并购绩效——来自中国A股上市公司的经验证据［J］. 南开管理评论，2013，16（6）：112－122.

［38］万良勇，胡璟．网络位置、独立董事治理与公司并购——来自中国上市公司的经验证据［J］. 南开管理评论，2014（2）：64－73.

［39］万良勇，郑小玲．董事网络的结构洞特征与公司并购［J］. 会计研究，2014（5）：67－72.

［40］王凤荣，高飞．政府干预、企业生命周期与并购绩效——基于我国地方国有上市公司的经验数据［J］. 金融研究，2012（12）：137－150.

［41］王砚羽，谢伟，乔元波等．隐形的手：政治基因对企业并购控制倾向的影响——基于中国上市公司数据的实证分析［J］. 管理世界，2014（8）：102－114.

［42］魏江，寿柯炎，冯军政．高管政治关联、市场发育程度与企业并购战略——中国高技术产业上市公司的实证研究［J］. 科学学研究，2013，31（6）：856－863.

［43］温日光．风险观念，并购溢价与并购完成率［J］. 金融研究，2015（8）：191－206.

［44］温忠麟，侯杰泰，张雷．调节效应与中介效应的比较和应用［J］. 心理学报，2005，37（2）：268－274.

［45］吴超鹏，吴世农，郑方镳．管理者行为与连续并购绩效的理论与实证研究［J］. 管理世界，2008（7）：126－133.

［46］谢玲红，刘善存，邱菀华．管理者过度自信对并购绩效的影响——基于群体决策视角的分析和实证［J］. 数理统计与管理，2012，31（1）：122－133.

［47］闫雪琴，孙晓杰．企业政治关联与跨国并购绩效——基于中国并购方数据［J］. 经济与管理研究，2016（1）：119－127.

［48］杨俊，田莉，张玉利等．创新还是模仿：创业团队经验异质性与冲突特征的角色［J］. 管理世界，2010（3）：84－96.

［49］杨沁，扈文秀．企业并购中政府干预的动机与效果：综述与启示［J］．预测，2016，35（5）：74－80.

［50］杨柔坚．股权结构对上市公司并购重组绩效影响的研究——按关联与非关联交易分类［J］．审计与经济研究，2016，31（6）.

［51］杨艳，邓乐，陈收．企业生命周期、政治关联与并购策略［J］．管理评论，2014，26（10）.

［52］姚晓林，刘淑莲．CEO股权激励会影响上市公司的并购决策吗——来自中国上市公司股权并购事件的经验证据［J］．山西财经大学学报，2015（12）：91－102.

［53］余瑜，王建琼．什么驱动了中国上市公司并购浪潮？［J］．中央财经大学学报，2013（9）：71－77.

［54］张建君，张闫龙．董事长—总经理的异质性，权力差距和融洽关系与组织绩效——来自上市公司的证据［J］．管理世界，2016（1）：110－120.

［55］张洽，袁天荣．CEO权力、私有收益与并购动因——基于我国上市公司的实证研究［J］．财经研究，2013（4）：101－110.

［56］张雯，张胜，李百兴．政治关联、企业并购特征与并购绩效［J］．南开管理评论，2013，16（2）：64－74.

［57］张远飞，贺小刚，连燕玲．“富则思安”吗？——基于中国民营上市公司的实证分析［J］．管理世界，2013（7）：130－144.

［58］周建，金媛媛，刘小元．董事会资本研究综述［J］．外国经济与管理，2010（12）：27－35.

［59］周建，金媛媛，袁德利．董事会人力资本、CEO权力对企业研发投入的影响研究——基于中国沪深两市高科技上市公司的经验证据［J］．科学学与科学技术管理，2013，34（3）：170－180.

［60］周建，任尚华，金媛媛等．董事会资本对企业R&D支出的影响研究——基于中国沪深两市高科技上市公司的经验证据［J］．研究与发展管理，2012，24（1）：67－77.

［61］朱冬琴，陈文浩，苏州．控制权、控制权与现金流权偏离度对并购的影响——来自中国民营上市公司的经验证据［J］．财经研究，2010（2）：121－131.

［62］Agle B R，Nagarajan N J，Sonnenfeld J A，et al. Does CEO charisma matter? An empirical analysis of the relationships among organizational performance，environmental uncertainty，and top management team perceptions of CEO charisma［J］. Academy of Management Journal，2006，49（1）：161－174.

［63］Agrawal A，Jaffe J F，Mandelker G N. The post－merger performance of acquiring firms：A re－examination of an anomaly［J］. The Journal of finance，1992，47（4）：1605－1621.

［64］Agrawal A，Walkling R A. Executive careers and compensation surrounding takeover bids［J］. The Journal of Finance，1994，49（3）：985－1014.

［65］Ahuja G，Katila R. Technological acquisitions and the innovation performance of acquiring firms：A longitudinal study［J］. Strategic Management Journal，2001，22（3）：197－220.

［66］Akdoĝu E. Gaining a competitive edge through acquisitions：Evidence from the telecommunications industry［J］. Journal of Corporate Finance，2009，15（1）：99－112.

［67］Amburgey T L，Miner A S. Strategic momentum：The effects of repetitive，positional，and contextual momentum on merger activity［J］. Strategic Management Journal，1992，13（5）：335－348.

［68］Amihud Y，Lev B. Risk reduction as a managerial motive for conglomerate mergers［J］. The Bell Journal of Economics，1981（2）：605－617.

［69］Andres C，Bongard I，Lehmann M. Is busy really busy? Board governance revisited［J］. Journal of Business Finance & Accounting，2013，40（9－10）：1221－1246.

[70] Argyris C, Schön D A. Organizational learning: A theory of action perspective [M]. Reading, MA: Addison – Wesley, 1978.

[71] Audia P G, Greve H R. Less likely to fail: Low performance, firm size, and factory expansion in the shipbuilding industry [J]. Management Science, 2006, 52 (1): 83 – 94.

[72] Augier M, March J G. A retrospective look at a behavioral theory of the firm [J]. Journal of Economic Behavior & Organization, 2008, 66 (1): 1 – 6.

[73] Banerjee A, Eckard E W. Are mega – mergers anticompetitive? Evidence from the first great merger wave [J]. The Rand Journal of Economics, 1998 (1): 803 – 827.

[74] Banker R D, Chang H, Cunningham R. The public accounting industry production function [J]. Journal of Accounting and Economics, 2003, 35 (2): 255 – 281.

[75] Barberis N, Thaler R. A survey of behavioral finance [J]. Handbook of the Economics of Finance, 2003 (1): 1053 – 1128.

[76] Barberis N, Mukherjee A, Wang B. Prospect theory and stock returns: An empirical test [J]. Review of Financial Studies, 2016, 29 (11), 3068 – 3107.

[77] Barberis N, Huang M, Santos T. Prospect theory and asset prices [J]. The Quarterly Journal of Economics, 2001, 116 (1): 1 – 53.

[78] Barkema H G, Shvyrkov O. Does top management team diversity promote or hamper foreign expansion? [J]. Strategic Management Journal, 2007, 28 (7): 663 – 680.

[79] Barkema H G, Vermeulen F. International expansion through start – up or acquisition: A learning perspective [J]. Academy of Management Journal, 1998, 41 (1): 7 – 26.

[80] Baum J A C, Dahlin K B. Aspiration performance and railroads' patterns of learning from train wrecks and crashes [J]. Organization Science,

2007, 18 (3): 368 –385.

[81] Baum J A C, Li S X, Usher J M. Making the next move: How experiential and vicarious learning shape the locations of chains' acquisitions [J]. Administrative Science Quarterly, 2000, 45 (4): 766 –801.

[82] Beckman C M, Haunschild P R. Network learning: The effects of partners heterogeneity of experience on corporate acquisitions [J]. Administrative Science Quarterly, 2002, 47 (1): 92 –124.

[83] Benson B W, Davidson W N, Davidson T R, et al. Do busy directors and CEOs shirk their responsibilities? Evidence from mergers and acquisitions [J]. The Quarterly Review of Economics and Finance, 2015 (55): 1 –19.

[84] Bergh D D, Lawless M W. Portfolio restructuring and limits to hierarchical governance: The effects of environmental uncertainty and diversification strategy [J]. Organization Science, 1998, 9 (1): 87 –102.

[85] Bhagat S, Black B S. The non – correlation between board independence and long – term firm performance [J]. As published in Journal of Corporation Law, 2002 (27): 231 –273.

[86] Bliss R T, Rosen R J. CEO compensation and bank mergers [J]. Journal of Financial Economics, 2001, 61 (1): 107 –138.

[87] Boeker W. Strategic change: The influence of managerial characteristics and organizational growth [J]. Academy of Management Journal, 1997, 40 (1): 152 –170.

[88] Capron L, Dussauge P, Mitchell W. Resource redeployment following horizontal acquisitions in Europe and North America, 1988 – 1992 [J]. Strategic Management Journal, 1998, 19 (7): 631 –661.

[89] Carpenter M A, Westphal J D. The strategic context of external network ties: Examining the impact of director appointments on board involvement in strategic decision making [J]. Academy of Management Journal, 2001, 44 (4): 639 –660.

[90] Casciaro T, Piskorski M J. Power imbalance, mutual dependence, and constraint absorption: A closer look at resource dependence theory [J]. Administrative Science Quarterly, 2005, 50 (2): 167 – 199.

[91] Celikyurt U, Sevilir M, Shivdasani A. Going public to acquire? The acquisition motive in IPOs [J]. Journal of Financial Economics, 2010, 96 (3): 345 – 363.

[92] Chatterjee A, Hambrick D C. It's all about me: Narcissistic chief executive officers and their effects on company strategy and performance [J]. Administrative Science Quarterly, 2007, 52 (3): 351 – 386.

[93] Chatterjee S, Harrison J S, Bergh D D. Failed takeover attempts, corporate governance and refocusing [J]. Strategic Management Journal, 2003, 24 (1): 87 – 96.

[94] Chen G, Crossland C, Huang S. Female board representation and corporate acquisition intensity [J]. Strategic Management Journal, 2014 (3).

[95] Chen M J, Miller D. Competitive attack, retaliation and performance: An expectancy – valence framework [J]. Strategic Management Journal, 1994, 15 (2): 85 – 102.

[96] Chikh S, Filbien J Y. Acquisitions and CEO power: Evidence from French networks [J]. Journal of Corporate Finance, 2011, 17 (5): 1221 – 1236.

[97] Cho S Y, Arthurs J D, Townsend D M, et al. Performance deviations and acquisition premiums: The impact of CEO celebrity on managerial risk – taking [J]. Strategic Management Journal, 2016 (5).

[98] Daily C M, Johnson J L. Sources of CEO power and firm financial performance: A longitudinal assessment [J]. Journal of Management, 1997, 23 (2): 97 – 117.

[99] Dalton D R, Daily C M, Ellstrand A E, et al. Meta – analytic reviews of board composition, leadership structure, and financial performance [J]. Strategic Management Journal, 1998, 19 (3): 269 – 290.

[100] Damanpour F, Walker R M, Avellaneda C N. Combinative effects of innovation types and organizational performance: A longitudinal study of service organizations [J]. Journal of Management Studies, 2009, 46 (4): 650 - 675.

[101] Danneels E. Trying to become a different type of company: Dynamic capability at Smith Corona [J]. Strategic Management Journal, 2011, 32 (1): 1 - 31.

[102] Darley J M, Latane B. Bystander intervention in emergencies: Diffusion of responsibility [J]. Journal of Personality and Social Psychology, 1968, 8 (4): 377.

[103] Datta D K, Pinches G E, Narayanan V K. Factors influencing wealth creation from mergers and acquisitions: A meta - analysis [J]. Strategic Management Journal, 1992, 13 (1): 67 - 84.

[104] Datta S, Iskandar - Datta M, Raman K. Executive compensation and corporate acquisition decisions [J]. The Journal of Finance, 2001, 56 (6): 2299 - 2336.

[105] Derfus P J, Maggitti P G, Grimm C M, et al. The Red Queen effect: Competitive actions and firm performance [J]. Academy of Management Journal, 2008, 51 (1): 61 - 80.

[106] Desai V. The behavioral theory of the (Governed) firm: Corporate board influences on organizations' responses to performance shortfalls [J]. Academy of Management Journal, 2015, 59 (3): 860 - 879.

[107] Deutsch Y, Keil T, Laamanen T. Decision making in acquisitions: The effect of outside directors' compensation on acquisition patterns [J]. Journal of Management, 2007, 33 (1): 30 - 56.

[108] Devos E, Kadapakkam P R, Krishnamurthy S. How do mergers create value? A comparison of taxes, market power, and efficiency improvements as explanations for synergies [J]. Review of Financial Studies, 2009, 22

(3): 1179 - 1211.

[109] DiMaggio P, Powell W W. The iron cage revisited: Collective rationality and institutional isomorphism in organizational fields [J]. American Sociological Review, 1983, 48 (2): 147 - 160.

[110] Dowell G W S, Shackell M B, Stuart N V. Boards, CEOs, and surviving a financial crisis: Evidence from the internet shakeout [J]. Strategic Management Journal, 2011, 32 (10): 1025 - 1045.

[111] Eckbo B E. Horizontal mergers, collusion, and stockholder wealth [J]. Journal of Financial Economics, 1983, 11 (1): 241 - 273.

[112] Eggers J P, Kaplan S. Cognition and capabilities: A multi - level perspective [J]. The Academy of Management Annals, 2013, 7 (1): 295 - 340.

[113] Eggers J P, Kaplan S. Cognition and renewal: Comparing CEO and organizational effects on incumbent adaptation to technical change [J]. Organization Science, 2009, 20 (2): 461 - 477.

[114] Eisenhardt K M. Agency theory: An assessment and review [J]. Academy of Management Review, 1989, 14 (1): 57 - 74.

[115] Fahlenbrach R, Low A, Stulz R M. Why do firms appoint CEOs as outside directors? [J]. Journal of Financial Economics, 2010, 97 (1): 12 - 32.

[116] Faleye O, Hoitash R, Hoitash U. The costs of intense board monitoring [J]. Journal of Financial Economics, 2011, 101 (1): 160 - 181.

[117] Faleye O. CEO directors, executive incentives, and corporate strategic initiatives [J]. Journal of Financial Research, 2011, 34 (2): 241 - 277.

[118] Fama E F, Jensen M C. Separation of ownership and control [J]. The Journal of Law & Economics, 1983, 26 (2): 301 - 325.

[119] Ferrier W J, Lyon D W. Competitive repertoire simplicity and firm

performance: The moderating role of top management team heterogeneity [J]. Managerial and Decision Economics, 2004, 25 (6-7): 317-327.

[120] Ferris S P, Jayaraman N, Sabherwal S. CEO overconfidence and international merger and acquisition activity [J]. Journal of Financial and Quantitative Analysis, 2013, 48 (1): 137-164.

[121] Fich E M, Shivdasani A. Are busy boards effective monitors? [J]. The Journal of Finance, 2006, 61 (2): 689-724.

[122] Field L, Lowry M, Mkrtchyan A. Are busy boards detrimental? [J]. Journal of Financial Economics, 2013, 109 (1): 63-82.

[123] Finkelstein S, Hambrick D C, Cannella A. Strategic leadership [M]. St. Paul: West Educational Publishing, 1996.

[124] Finkelstein S, Hambrick D C, Cannella A A. Strategic leadership: Theory and research on executives, top management teams, and boards [M]. Oxford University Press, USA, 2009.

[125] Finkelstein S. Interindustry merger patterns and resource dependence: A replication and extension of Pfeffer (1972) [J]. Strategic Management Journal, 1997, 18 (10): 787-810.

[126] Finkelstein S. Power in top management teams: Dimensions, measurement, and validation [J]. Academy of Management Journal, 1992, 35 (3): 505-538.

[127] Folta T B. Governance and uncertainty: The trade-off between administrative control and commitment [J]. Strategic Management Journal, 1998: 1007-1028.

[128] Fong E A, Misangyi V F, Tosi H L. The effect of CEO pay deviations on CEO withdrawal, firm size, and firm profits [J]. Strategic Management Journal, 2010, 31 (6): 629-651.

[129] Forbes D P, Milliken F J. Cognition and corporate governance: Understanding boards of directors as strategic decision-making groups [J].

Academy of Management Review, 1999, 24 (3): 489 -505.

[130] Gaba V, Bhattacharya S. Aspirations, innovation, and corporate venture capital: A behavioral perspective [J]. Strategic Entrepreneurship Journal, 2012, 6 (2): 178 -199.

[131] Gaba V, Joseph J. Corporate structure and performance feedback: Aspirations and adaptation in M - form firms [J]. Organization Science, 2013, 24 (4): 1102 -1119.

[132] Gamache D L, McNamara G, Mannor M J, et al. Motivated to acquire? The impact of CEO regulatory focus on firm acquisitions [J]. Academy of Management Journal, 2015, 58 (4): 1261 -1282.

[133] Gavetti G, Greve H R, Levinthal D A, et al. The behavioral theory of the firm: Assessment and prospects [J]. The Academy of Management Annals, 2012, 6 (1): 1 -40.

[134] Golden B, Zajac E. When will boards influence strateg: Inclination Power Strategic Change [J]. Strategic Management Journal, 2001, 35 (10): 1087 -4112.

[135] Gomez - Mejia L, Wiseman R M. Reframing execufive compensation: an Assessment and outlook [J]. Journal of Management, 1997, 23 (3): 291 -374.

[136] Gormley T A, Matsa D A. Playing it safe? Managerial preferences, risk, and agency conflicts [J]. Journal of Financial Economics, 2016, 122 (3): 431 -455.

[137] Graebner M E, Eisenhardt K M. The seller's side of the story: Acquisition as courtship and governance as syndicate in entrepreneurial firms [J]. Administrative Science Quarterly, 2004, 49 (3): 366 -403.

[138] Greve A, Salaff J W. Social networks and entrepreneurship [J]. Entrepreneurship Theory and Practice, 2003, 28 (1): 1 -22.

[139] Greve H R. A behavioral theory of firm growth: Sequential attention

to size and performance goals [J]. Academy of Management Journal, 2008, 51 (3): 476 - 494.

[140] Greve H R. Performance, aspirations, and risky organizational change [J]. Administrative Science Quarterly, 1998 (10): 58 - 86.

[141] Greve H R. Positional rigidity: Low performance and resource acquisition in large and small firms [J]. Strategic Management Journal, 2011, 32 (1): 103 - 114.

[142] Grinstein Y, Hribar P. CEO compensation and incentives: Evidence from M&A bonuses [J]. Journal of Financial Economics, 2004, 73 (1): 119 - 143.

[143] Haleblian J J, Kim J J, Rajagopalan N. The influence of acquisition experience and performance on acquisition behavior: Evidence from the US commercial banking industry [J]. Academy of Management Journal, 2006, 49 (2): 357 - 370.

[144] Haleblian J J, McNamara G, Kolev K, et al. Exploring firm characteristics that differentiate leaders from followers in industry merger waves: A competitive dynamics perspective [J]. Strategic Management Journal, 2012, 33 (9): 1037 - 1052.

[145] Haleblian J, Devers C E, McNamara G, et al. Taking stock of what we know about mergers and acquisitions: A review and research agenda [J]. Journal of Management, 2009.

[146] Haleblian J, Finkelstein S. The influence of organizational acquisition experience on acquisition performance: A behavioral learning perspective [J]. Administrative Science Quarterly, 1999, 44 (1): 29 - 56.

[147] Haleblian J, Finkelstein S. Top management team size, CEO dominance, and firm performance: The moderating roles of environmental turbulence and discretion [J]. Academy of Management Journal, 1993, 36 (4): 844 - 863.

[148] Hambrick D C, Cho T S, Chen M J. The influence of top management team heterogeneity on firms' competitive moves [J]. Administrative Science Quarterly, 1996 (7): 659 - 684.

[149] Hambrick D C, Finkelstein S. Managerial discretion: A bridge between polar views of organizational outcomes [J]. Research in Organizational Behavior, 1987 (12).

[150] Hambrick D C, Mason P A. Upper echelons: The organization as a reflection of its top managers [J]. Academy of Management Review, 1984, 9 (2): 193 - 206.

[151] Hambrick D C, Misangyi V F, Park C A. The quad model for identifying a corporate director's potential for effective monitoring: Toward a new theory of board sufficiency [J]. Academy of Management Review, 2015, 40 (3): 323 - 344.

[152] Harford J, Li K. Decoupling CEO wealth and firm performance: The case of acquiring CEOs [J]. The Journal of Finance, 2007, 62 (2): 917 - 949.

[153] Harris I C, Shimizu K. Too busy to serve? An examination of the influence of overboarded directors [J]. Journal of Management Studies, 2004, 41 (5): 775 - 798.

[154] Harris J, Bromiley P. Incentives to cheat: The influence of executive compensation and firm performance on financial misrepresentation [J]. Organization Science, 2007, 18 (3): 350 - 367.

[155] Harzing A W. Acquisitions versus greenfield investments: International strategy and management of entry modes [J]. Strategic management journal, 2002, 23 (3): 211 - 227.

[156] Haunschild P R. Interorganizational imitation: The impact of interlocks on corporate acquisition activity [J]. Administrative Science Quarterly, 1993 (1): 564 - 592.

[157] Haveman H A. Follow the leader: Mimetic isomorphism and entry into new markets [J]. Administrative Science Quarterly, 1993 (5): 593 – 627.

[158] Haynes K T, Hillman A. The effect of board capital and CEO power on strategic change [J]. Strategic Management Journal, 2010, 31 (11): 1145 – 1163.

[159] Hayward M L A, Hambrick D C. Explaining the premiums paid for large acquisitions: Evidence of CEO hubris [J]. Administrative Science Quarterly, 1997 (6): 103 – 127.

[160] Helfat C E, Martin J A. Dynamic managerial capabilities review and assessment of managerial impact on strategic change [J]. Journal of Management, 2014 (8).

[161] Hillman A J, Dalziel T. Boards of directors and firm performance: Integrating agency and resource dependence perspectives [J]. Academy of Management review, 2003, 28 (3): 383 – 396.

[162] Hillman A J, Withers M C, Collins B J. Resource dependence theory: A review [J]. Journal of Management, 2009 (2).

[163] Huang J, Kisgen D J. Gender and corporate finance: Are male executives overconfident relative to female executives? [J]. Journal of Financial Economics, 2013, 108 (3): 822 – 839.

[164] Ishii J, Xuan Y. Acquirer – target social ties and merger outcomes [J]. Journal of Financial Economics, 2014, 112 (3): 344 – 363.

[165] Iyer D N, Miller K D. Performance feedback, slack, and the timing of acquisitions [J]. Academy of Management Journal, 2008, 51 (4): 808 – 822.

[166] Jarrell G A, Poulsen A B. The returns to acquiring firms in tender offers: Evidence from three decades [J]. Financial management, 1989 (1): 12 – 19.

[167] Jensen M C, Meckling W H. Theory of the firm: Managerial be-

havior, agency costs and ownership structure [J]. Journal of Financial Economics, 1976, 3 (4): 305 –360.

[168] Jensen M C, Ruback R S. The market for corporate control: The scientific evidence [J]. Journal of Financial Economics, 1983, 11 (1): 5 –50.

[169] Jensen M C. Agency cost of free cash flow, corporate finance, and takeovers [J]. Corporate Finance, and Takeovers. American Economic Review, 1986, 76 (2) .

[170] Jensen M, Zajac E J. Corporate elites and corporate strategy: How demographic preferences and structural position shape the scope of the firm [J]. Strategic Management Journal, 2004, 25 (6): 507 –524.

[171] Jiraporn P, Davidson W N, DaDalt P, et al. Too busy to show up? An analysis of directors' absences [J]. The Quarterly Review of Economics and Finance, 2009, 49 (3): 1159 –1171.

[172] Johnson J L, Daily C M, Ellstrand A E. Boards of directors: A review and research agenda [J]. Journal of Management, 1996, 22 (3): 409 – 438.

[173] Josefy M, Kuban S, Ireland R D, et al. All things great and small: organizational size, boundaries of the firm, and a changing environment [J]. The Academy of Management Annals, 2015, 9 (1): 715 –802.

[174] Joseph J, Ocasio W, McDonnell M H. The structural elaboration of board independence: Executive power, institutional logics, and the adoption of CEO – only board structures in US corporate governance [J]. Academy of Management Journal, 2014, 57 (6): 1834 –1858.

[175] Kacperczyk A, Beckman C M, Moliterno T P. Disentangling risk and change internal and external social comparison in the mutual fund industry [J]. Administrative Science Quarterly, 2015, 60 (2): 228 –262.

[176] Kahneman D, Tversky A. Prospect theory: An analysis of decision under risk [J]. Econometrica: Journal of the Econometric Society, 1979

(10): 263 –291.

[177] Karaevli A, Zajac E J. When do outsider CEOs generate strategic change? The enabling role of corporate stability [J]. Journal of Management Studies, 2013, 50 (7): 1267 –1294.

[178] Karim S, Mitchell W. Path – dependent and path – breaking change: Reconfiguring business resources following acquisitions in the US medical sector, 1978 –1995 [J]. Strategic Management Journal, 2000, 21 (10 –11): 1061 –1081.

[179] Karim S. Modularity in organizational structure: The reconfiguration of internally developed and acquired business units [J]. Strategic Management Journal, 2006, 27 (9): 799 –823.

[180] Keys P Y, Li J. Evidence on the market for professional directors [J]. Journal of Financial Research, 2005, 28 (4): 575 –589.

[181] Khanna P. Director human capital, information processing demands, and board effectiveness [J]. Journal of Management, 2013, 40 (2): 557 –585.

[182] Kim E H, Singal V. Mergers and market power: Evidence from the airline industry [J]. The American Economic Review, 1993 (4): 549 –569.

[183] Kim J Y J, Finkelstein S, Haleblian J J. All aspirations are not created equal: the differential effects of historical and social aspirations on acquisition behavior [J]. Academy of Management Journal, 2015, 58 (5): 1361 –1388.

[184] Kim J Y J, Haleblian J J, Finkelstein S. When firms are desperate to grow via acquisition: The effect of growth patterns and acquisition experience on acquisition premiums [J]. Administrative Science Quarterly, 2011, 56 (1): 26 –60.

[185] King D R, Dalton D R, Daily C M, et al. Meta – analyses of post – acquisition performance: Indications of unidentified moderators [J]. Strategic Management Journal, 2004, 25 (2): 187 –200.

[186] King D R, Slotegraaf R J, Kesner I. Performance implications of firm resource interactions in the acquisition of R&D – intensive firms [J]. Organization Science, 2008, 19 (2): 327 –340.

[187] Kingdom J C P, Ryan G, Whittle M J, et al. Atrial natriuretic peptide: A vasodilator of the fetoplacental circulation? [J]. American journal of Obstetrics and Gynecology, 1991, 165 (4): 791 –800.

[188] Krause R, Priem R, Love L. Who's in charge here? Co – CEOs, power gaps, and firm performance [J]. Strategic Management Journal, 2015, 36 (13): 2099 –2110.

[189] Krause R, Semadeni M, Cannella A A. External COO/presidents as expert directors: A new look at the service role of boards [J]. Strategic Management Journal, 2013, 34 (13): 1628 –1641.

[190] Krause R, Semadeni M. Apprentice, departure, and demotion: An examination of the three types of CEO – board chair separation [J]. Academy of Management Journal, 2013, 56 (3): 805 –826.

[191] Krause R, Semadeni M. Last dance or second chance? Firm performance, CEO career horizon, and the separation of board leadership roles [J]. Strategic Management Journal, 2014, 35 (6): 808 –825.

[192] Krause R, Whitler K A, Semadeni M. Power to the principals! An experimental look at shareholder say – on – pay voting [J]. Academy of Management Journal, 2014, 57 (1): 94 –115.

[193] Kroll M, Walters B A, Wright P. Board vigilance, director experience, and corporate outcomes [J]. Strategic Management Journal, 2008, 29 (4): 363 –382.

[194] Kroll M, Wright P, Toombs L, et al. Form of control: A critical determinant of acquisition performance and CEO rewards [J]. Strategic Management Journal, 1997, 18 (2): 85 –96.

[195] Kumar M V, Dixit J, Francis B. The impact of prior stock market

reactions on risk taking in acquisitions [J]. Strategic Management Journal, 2015, 36 (13): 2111-2121.

[196] Kuusela P, Keil T, Maula M. Driven by aspirations, but in what direction? Performance shortfalls, slack resources and resource - consuming vs. resource - freeing organizational change [J]. Strategic Management Journal, 2016 (6).

[197] Lant T K. Aspiration level adaptation: An empirical exploration [J]. Management Science, 1992, 38 (5): 623-644.

[198] Larson J R, Christensen C. Groups as problem - solving units: Toward a new meaning of social cognition [J]. British Journal of Social Psychology, 1993, 32 (1): 5-30.

[199] Latane B, Darley J M. Group inhibition of bystander intervention in emergencies [J]. Journal of Personality and Social Psychology, 1968, 10 (3): 215.

[200] Loderer C, Martin K. Postacquisition performance of acquiring firms [J]. Financial Management, 1992 (3): 69-79.

[201] Lungeanu R, Stern I, Zajac E J. When do firms change technology - sourcing vehicles? The role of poor innovative performance and financial slack [J]. Strategic Management Journal, 2015 (10).

[202] Luo Y. Do insiders learn from outsiders? Evidence from mergers and acquisitions [J]. The Journal of Finance, 2005, 60 (4): 1951-1982.

[203] Makri M, Hitt M A, Lane P J. Complementary technologies, knowledge relatedness, and invention outcomes in high technology mergers and acquisitions [J]. Strategic Management Journal, 2010, 31 (6): 602-628.

[204] Malmendier U, Tate G. Does overconfidence affect corporate investment? CEO overconfidence measures revisited [J]. European Financial Management, 2005, 11 (5): 649-659.

[205] Malmendier U, Tate G. Who makes acquisitions? CEO overconfi-

dence and the market's reaction [J]. Journal of Financial Economics, 2008, 89 (1): 20-43.

[206] Masulis R W, Mobbs S. Are all inside directors the same? Evidence from the external directorship market [J]. The Journal of Finance, 2011, 66 (3): 823-872.

[207] Matsusaka J G. Did tough antitrust enforcement cause the diversification of American corporations? [J]. Journal of Financial and Quantitative Analysis, 1996, 31 (2): 283-294.

[208] McDonald M L, Westphal J D, Graebner M E. What do they know? The effects of outside director acquisition experience on firm acquisition performance [J]. Strategic Management Journal, 2008, 29 (11): 1155-1177.

[209] McDonald M L, Westphal J D. A little help here? Board control, CEO identification with the corporate elite, and strategic help provided to CEOs at other firms [J]. Academy of Management Journal, 2010, 53 (2): 343-370.

[210] McDonald M L, Westphal J D. Getting by with the advice of their friends: CEOs' advice networks and firms' strategic responses to poor performance [J]. Administrative Science Quarterly, 2003, 48 (1): 1-32.

[211] McGuckin R H, Nguyen S V. On productivity and plant ownership change: New evidence from the longitudinal research database [J]. The Rand Journal of Economics, 1995 (10): 257-276.

[212] Meyer K E, Wright M, Pruthi S. Managing knowledge in foreign entry strategies: A resource-based analysis [J]. Strategic management journal, 2009, 30 (5): 557-574.

[213] Mezias S J, Chen Y R, Murphy P R. Aspiration-level adaptation in an American financial services organization: A field study [J]. Management Science, 2002, 48 (10): 1285-1300.

[214] Michel J G, Hambrick D C. Diversification posture and top manage-

ment team characteristics [J]. Academy of Management Journal, 1992, 35 (1): 9 -37.

[215] Mishina Y, Dykes B J, Block E S, et al. Why "good" firms do bad things: The effects of high aspirations, high expectations, and prominence on the incidence of corporate illegality [J]. Academy of Management Journal, 2010, 53 (4): 701 -722.

[216] Moeller S B, Schlingemann F P, Stulz R M. Do shareholders of acquiring firms gain from acquisitions? [R]. National Bureau of Economic Research, 2003.

[217] Muehlfeld K, Rao Sahib P, Van Witteloostuijn A. A contextual theory of organizational learning from failures and successes: A study of acquisition completion in the global newspaper industry, 1981 - 2008 [J]. Strategic Management Journal, 2012, 33 (8): 938 -964.

[218] Nadolska A, Barkema H G. Good learners: How top management teams affect the success and frequency of acquisitions [J]. Strategic Management Journal, 2014, 35 (10): 1483 - 1507.

[219] Palmer D, Barber B M, Zhou X, et al. The friendly and predatory acquisition of large US corporations in the 1960s: The other contested terrain [J]. American Sociological Review, 1995 (6): 469 -499.

[220] Patel P C, Cooper D. Structural power equality between family and non - family TMT members and the performance of family firms [J]. Academy of Management Journal, 2014, 57 (6): 1624 - 1649.

[221] Paul D L. Board composition and corrective action: Evidence from corporate responses to bad acquisition bids [J]. Journal of Financial and Quantitative Analysis, 2007, 42 (3): 759 -783.

[222] Pfeffer J. Merger as a response to organizational interdependence [J]. Administrative Science Quarterly, 1972: 382 -394.

[223] Phillips K W, Mannix E A, Neale M A, et al. Diverse groups and

information sharing: The effects of congruent ties [J]. Journal of Experimental Social Psychology, 2004, 40 (4): 497 - 510.

[224] Pillai K G, Hodgkinson G P, Kalyanaram G, et al. The Negative Effects of Social Capital in Organizations: A Review and Extension [J]. International Journal of Management Reviews, 2017, 19 (1): 97 - 124.

[225] Ployhart R E, Moliterno T P. Emergence of the human capital resource: A multilevel model [J]. Academy of Management Review, 2011, 36 (1): 127 - 150.

[226] Prager R A. The effects of horizontal mergers on competition: The case of the Northern Securities Company [J]. The Rand Journal of Economics, 1992 (8): 123 - 133.

[227] Puranam P, Srikanth K. What they know vs. what they do: How acquirers leverage technology acquisitions [J]. Strategic Management Journal, 2007, 28 (8): 805 - 825.

[228] Quigley T J, Hambrick D C. When the former CEO stays on as board chair: Effects on successor discretion, strategic change, and performance [J]. Strategic Management Journal, 2012, 33 (7): 834 - 859.

[229] Rhodes - Kropf M, Robinson D T. The market for mergers and the boundaries of the firm [J]. The Journal of Finance, 2008, 63 (3): 1169 - 1211.

[230] Rindova V P. What corporate boards have to do with strategy: A cognitive perspective [J]. Journal of Management Studies, 1999, 36 (7): 953 - 975.

[231] Roll R. The hubris hypothesis of corporate takeovers [J]. Journal of Business, 1986: 197 - 216.

[232] Ross S A. The economic theory of agency: The principal's problem [J]. The American Economic Review, 1973, 63 (2): 134 - 139.

[233] Rossi S, Volpin P F. Cross - country determinants of mergers and acquisitions [J]. Journal of Financial Economics, 2004, 74 (2): 277 - 304.

［234］ Rui H，Yip G S. Foreign acquisitions by Chinese firms：A strategic intent perspective ［J］. Journal of World Business，2008，43（2）：213－226.

［235］ Sanders W G，Hambrick D C. Swinging for the fences：The effects of CEO stock options on company risk taking and performance ［J］. Academy of Management Journal，2007，50（5）：1055－1078.

［236］ Sanders W G. Behavioral responses of CEOs to stock ownership and stock option pay ［J］. Academy of Management Journal，2001，44（3）：477－492.

［237］ Schilling M A，Steensma H K. Disentangling the theories of firm boundaries：A path model and empirical test ［J］. Organization Science，2002，13（4）：387－401.

［238］ Schwartz－Ziv M，Weisbach M S. What do boards really do? Evidence from minutes of board meetings ［J］. Journal of Financial Economics，2013，108（2）：349－366.

［239］ Seo J，Gamache D L，Devers C E，et al. The role of CEO relative standing in acquisition behavior and CEO pay ［J］. Strategic Management Journal，2015，36（12）：1877－1894.

［240］ Seth A，Song K P，Pettit R R. Value creation and destruction in cross－border acquisitions：An empirical analysis of foreign acquisitions of US firms ［J］. Strategic Management Journal，2002，23（10）：921－940.

［241］ Shi W，Hoskisson R E，Zhang Y A. Independent director death and CEO acquisitiveness：Build an empire or pursue a quiet life? ［J］. Strategic Management Journal，2016.

［242］ Shleifer A，Vishny R W. Takeovers in the "60s and the 80s"：Evidence and Implications ［J］. Strategic Management Journal，1991，12（S2）：51－59.

［243］ Stearns L B，Allan K D. Economic behavior in institutional environments: The corporate merger wave of the 1980s [J]. American Sociological Review, 1996 (1): 699 -718.

[244] Sundaramurthy C, Lewis M. Control and collaboration: Paradoxes of governance [J]. Academy of Management Review, 2003, 28 (3): 397 - 415.

[245] Thaler R H, Johnson E J. Gambling with the house money and trying to break even: The effects of prior outcomes on risky choice [J]. Management Science, 1990, 36 (6): 643 -660.

[246] Tuch C, O' Sullivan N. The impact of acquisitions on firm performance: A review of the evidence [J]. International Journal of Management Reviews, 2007, 9 (2): 141 -170.

[247] Tuggle C S, Sirmon D G, Reutzel C R, et al. Commanding board of director attention: investigating how organizational performance and CEO duality affect board members' attention to monitoring [J]. Strategic Management Journal, 2010, 31 (9): 946 -968.

[248] Tversky A, Kahneman D. Loss aversion in riskless choice: A reference - dependent model [J]. The Quarterly Journal of Economics, 1991 (10): 1039 -1061.

[249] Tversky A, Kahneman D. Advances in prospect theory: Cumulative representation of uncertainty [J]. Journal of Risk and Uncertainty, 1992, 5 (4): 297 -323.

[250] Uhlenbruck K, Hitt M A, Semadeni M. Market value effects of acquisitions involving Internet firms: A resource - based analysis [J]. Strategic Management Journal, 2006, 27 (10): 899 -913.

[251] Van Der Vegt G S, Bunderson J S. Learning and performance in multidisciplinary teams: The importance of collective team identification [J]. Academy of Management Journal, 2005, 48 (3): 532 -547.

[252] Van Knippenberg D, De Dreu C K W, Homan A C. Work group

diversity and group performance: An integrative model and research agenda [J]. Journal of Applied Psychology, 2004, 89 (6): 1008.

[253] Vermeulen F, Barkema H. Learning through acquisitions [J]. Academy of Management Journal, 2001, 44 (3): 457 - 476.

[254] Wan W P, Yiu D W. From crisis to opportunity: Environmental jolt, corporate acquisitions, and firm performance [J]. Strategic Management Journal, 2009, 30 (7): 791 - 801.

[255] Wang C, Xie F, Zhu M. Industry expertise of independent directors and board monitoring [J]. Journal of Financial and Quantitative Analysis, 2015, 50 (5): 929 - 962.

[256] Wang L, Zajac E J. Alliance or acquisition? A dyadic perspective on interfirm resource combinations [J]. Strategic Management Journal, 2007, 28 (13): 1291 - 1317.

[257] Weidner K M, Behrens J, Vandekerckhove J, et al. Scatter factor: Molecular characteristics and effect on the invasiveness of epithelial cells [J]. The Journal of Cell Biology, 1990, 111 (5): 2097 - 2108.

[258] Westphal J D, Fredrickson J W. Who directs strategic change? Director experience, the selection of new CEOs, and change in corporate strategy [J]. Strategic Management Journal, 2001, 22 (12): 1113 - 1137.

[259] Westphal J D, Seidel M D L, Stewart K J. Second - order imitation: Uncovering latent effects of board network ties [J]. Administrative Science Quarterly, 2001, 46 (4): 717 - 747.

[260] Westphal J D, Zajac E J. A behavioral theory of corporate governance: Explicating the mechanisms of socially situated and socially constituted agency [J]. The Academy of Management Annals, 2013, 7 (1): 607 - 661.

[261] Westphal J D. Collaboration in the boardroom: Behavioral and performance consequences of CEO - board social ties [J]. Academy of Management Journal, 1999, 42 (1): 7 - 24.

[262] Wiersema M F, Bantel K A. Top management team demography and corporate strategic change [J]. Academy of Management Journal, 1992, 35 (1): 91 -121.

[263] Wiseman R M, Bromiley P. Toward a model of risk in declining organizations: An empirical examination of risk, performance and decline [J]. Organization Science, 1996, 7 (5): 524 -543.

[264] Wright P, Kroll M, Elenkov D. Acquisition returns, increase in firm size, and chief executive officer compensation: The moderating role of monitoring [J]. Academy of Management Journal, 2002, 45 (3): 599 -608.

[265] Wu Z, Salomon R. Does imitation reduce the liability of foreignness? Linking distance, isomorphism, and performance [J]. Strategic Management Journal, 2016 (10) .

[266] Yang M, Hyland M A. Who do firms imitate? A multilevel approach to examining sources of imitation in the choice of mergers and acquisitions [J]. Journal of Management, 2006, 32 (3): 381 -399.

[267] Yim S. The acquisitiveness of youth: CEO age and acquisition behavior [J]. Journal of Financial Economics, 2013, 108 (1): 250 -273.

[268] Zajac E J. CEO selection, succession, compensation and firm performance: A theoretical integration and empirical analysis [J]. Strategic Management Journal, 1990, 11 (3): 217 -230.

[269] Zhang Q. A Comparative Study of the Effect of Interlocking Directorates on Merger Target Selection under Different Merger and Acquisition Modes [J]. American Journal of Industrial and Business Management, 2016, 6 (3): 259.

[270] Zhang Y, Rajagopalan N. Once an outsider, always an outsider? CEO origin, strategic change, and firm performance [J]. Strategic Management Journal, 2010, 31 (3): 334 -346.

[271] Zhu D H. Group polarization on corporate boards: Theory and evi-

dence on board decisions about acquisition premiums [J]. Strategic Management Journal, 2013, 34 (7): 800 -822.

[272] Zona F, Zattoni A, Minichilli A. A contingency model of boards of directors and firm innovation: The moderating role of firm size [J]. British Journal of Management, 2013, 24 (3): 299 -315.

后　记

Daniel Kahneman 认为，人的创新和创造性思维的产生需要合适的条件，本书的完成，恰是有了这些合适条件。

行为经济学往往被人为地带有很强的经济学试验和黑板范式，好像不是如此就不能称之为“严谨”的科学。但事实上当我接触到行为经济学的集大成之作《思考，快与慢》之后，才发现爱不释手以至于你根本感觉不到里面的数学，而且足以驱动你对于作者的做法一探究竟。偶然间，读过的另一本马奇的著作《决策是如何产生的》忽然也被记忆“勾引”出来，这些著作共同的目标都指向了一个历久弥新的问题：不论是什么身份的组织、集体，或是个人，他们是怎么做出直接指引自己行动的那个决策判断的？

本书对于这一问题的探索是在毕业时期突然产生了兴趣，这要感谢我的导师周建教授。跟随导师期间才深刻明白，在任何时候，问题停止之时，即是学问终止之日。行为理论的一个基本观点在于，决策的目的就是那些不舒适的问题驱使着自己想办法解决。这一理论其实与米塞斯的观点一致，在米塞斯看来，人既不是经济人，也不是理性人，而是行动人，行动的指引如果能够有一个终极动机，那就是消除不舒适感。促成本书的形成，首先要感谢让问题得以产生的培养恩师。

本书在成文的过程中，曾一拖再拖，最终得以完成，特别要感谢出版社编辑耐心细致的工作，这给了我很大的鼓励。得益于行为理论的研究，本书在遇到困难时，行为理论的天才观点就突然冒了出来刺激自己。例如，阿莫斯，对于一种选择而言他的解释就相当“接地气”，他认为大的选择有时候并没有理性的规律可循，为什么当老师、为什么当医生，这些选择既不是经济人，也不是理性人，否则哪来那么多职业。但是真正有规律的反而是，想当一个怎样的老师、想当一个怎样的医生。每每想起这些观点，就提醒自己，出一本著作没有那么多理性的解释，但是想构建什么内容的著作，却往往是深思熟虑的结果。编辑的细心让我想起了这些，想起了只有在进入本书之后，才能找到真正的思想。这些原因让我尽快规避掉了拖延症，正如扎克伯格所言：进入工作状态最好的方式就是工作。

本书的成作要感谢在毕业答辩过程中为书中主要思想和内容提出批判意见的答辩导师们，让论文通过可读性、故事性、逻辑性和论证过程的提升完成了华丽的转身。感谢南开大学商学院李建标老师、黄福光老师、程新生老师，北京大学周长辉教授，内蒙古大学郭晓川教授、牛建波教授，美国明尼苏达大学李大辉教授，在答辩过程中对我的指正和学术提携。事实上作为批判思维的继承者们，学到的经验在于包容的悖论心态，既敏感于别人的批判，真正来了批判又能够坦然接受，修正自己重回目标。好奇不断，失败不馁，吸取经验，重新开始，这大概是人之所以能够成为学习能力最强的物种在思维层面的原因。

改用杰里·菲佛尔著作介绍中的一句话作为结束，成功是使一切荒废的开始，深以为然。成书之后，自己的思想和文字往往会被束之高阁。本书如有错误，敬请读者指正。从而对我本人也是一种益处，因为可以处处以失败的前置态度开始，继续读书生活。

2018 年 7 月 17 日夜于烟台